LOCUS

LOCUS

LOCUS

LOCUS

mark

這個系列標記的是一些人、一些事件與活動。

Mark 174

我僅僅只是一個胖子

作　　者：蔡培元
責任編輯：李清瑞
封面設計：林姿伶
內頁排版：宸遠彩藝
出 版 者：大塊文化出版股份有限公司
105022 台北市松山區南京東路四段 25 號 11 樓
www.locuspublishing.com
locus@locuspublishing.com
讀者服務專線：0800-006-689
電話：02-87123898
傳真：02-87123897
郵政劃撥帳號：18955675
戶名：大塊文化出版股份有限公司
法律顧問：董安丹律師、顧慕堯律師

總 經 銷：大和書報圖書股份有限公司
新北市新莊區五工五路 2 號
電 話：02-89902588
傳真：02-22901658

初版一刷：2022 年 11 月
定　　價：380 元
I S B N：978-626-7206-02-7

國家圖書館出版品預行編目 (CIP) 資料

我僅僅只是一個胖子 / 蔡培元著 . -- 初版 . -- 臺北市：大塊文化出版股份有限公司 , 2022.11
面；　公分 . -- (Mark ; 174)
ISBN 978-626-7206-02-7(平裝)

1. 蔡培元　2. 自傳

783.3886　111013834

我僅僅只是一個胖子

蔡培元 著

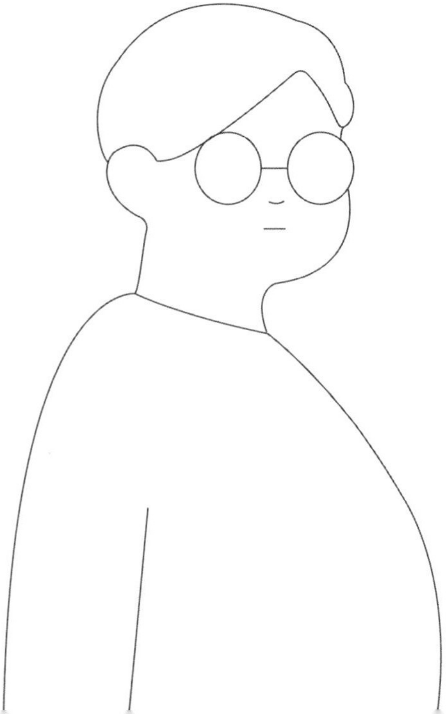

好評推薦

在當年（我想大概是二十年前）用說故事的方式寫學術論文，是一件挺不倫不類的事。我當年的碩士論文指導老師王行，很支持我在論文裡說我的故事，但卻遭到系上其他老師的壓力，所以他就安排我參加系上的一場論文計畫書研討會，希望能爭取更多支持。結果那天我報告時，東吳社工所的徐震教授坐在台下聽，然後發表了一段評論：「我有看過一些台大的論文的確是像妳這樣寫的……，妳這麼會寫，乾脆去寫小說好了。」研討會結束後王行老師開玩笑地說，「妳運氣好，妳論文得到徐震爺爺的免死金牌了。」

能夠把學術論文變成一種讓更多人願意讀、讀了之後有感覺，是我當年寫論文重要的動力。我當時給自己的目標是，能夠把論文寫到讓人可以坐在馬桶上，一頁又一頁津津有味地讀下去，就是我希望達到的高標。但後來我並沒有做到，論文多少還是得裝成學術的樣子。不過，我一直認為當年有一個人確確實實地做到了，這個人就是蔡培元，也就是你現在正在讀的這本書。

培元這本論文檔案一直被我存在電腦裡，也在江湖上成為一種寫敘事論文一定要看的傳奇。在這麼多年後，它終於在一個美妙的機緣下被出版了，也為這樣的學術論文許多人前仆後繼的努力，寫下了時代的意義。

——方昱（東海大學社工系兼任助理教授、《我往那裡走，因為那裡看不見路：我的十年社工小革命》作者）

沒錯，培元是一個胖子。

他是一個心思細膩靈巧的胖子。在碩士論文裡，他回觀身為胖子的社會生活經歷，笑談一個活潑機靈的胖子和他的故事，寫出許多人對胖子不自覺地歧視。他所敘說的「歧視」裡，能夠召喚出生命智慧。一種凡所有相，皆虛幻不實，終究會過去的，若真過去了，智慧就出現了。

這本書是從他的碩士論文精煉而成的。用開放的心，品味他的故事和論述。可以讀出「煩惱即菩提」的趣味與智慧。希望你的生命智慧也能被召喚出來。

在本書裡我也有出場軋一角演出，人稱「小陶」的陶蕃瀛，社會工作教師。已經退休，現在以人生顧問之名號走讀人生。

——陶蕃瀛（有本書房人生顧問、社會工作系退休教授）

推薦序

解放研究者・成為作者

王增勇（政治大學社會工作研究所教授兼所長）

培元從畢業後至今十四年，他的論文已經成為自我敘事論文的經典，作為指導老師我與有榮焉。通常大家常看到學生寫指導教授對他的影響，很少看到指導教授說學生對自己的影響，而我要說，指導培元無疑是我學術生涯中的轉捩點。因為他讓我更勇敢地面對日益強調發表論文數量的學術環境，堅持做個有人味的知識工作者。

我學成後在陽明衛福所任教，那是個醫學主導的學術環境，社會科學背景的老師必須依照醫學的標準升等，因此格外辛苦。連著作等身的胡幼慧老師在陽明提升等申請多次都被拒絕，這件事更讓自己有很高的生存焦慮。這種焦慮會讓一個學者放棄自己求知的初衷與對學術的理想，甘願成為論文生產機器。那時，校內流行著一個笑話：有人在路上遇到一位陽明的老師，想知道現在的時間，於是問他：「請問現在幾點？」那位老師馬上就回答，「我目前積分三百點，離提升等教授還差一百點！」這個只有大學老師會笑的冷笑話，說明了當代知識分子被績效管理挾持的困境。甫踏上學術之途的我，在學術書寫上，掙扎在投入長期蹲點與社會實踐的手工製造業，還是快速量產的自動化論文產業之間。雖然面對醫學主導的學術環境，我沒有太多條件可以任性地用社會實踐的路徑慢速生產論文，但作為碩士論文，培元有機會做到。

這種強調效率量產的標準同樣複製在研究生身上，在一個強調「兩年畢業才是正常」、「越快畢業，就越好」的學術機構裡，培元花了六年才完成的碩士論文常常引人側目，連帶指導老師的能力都被質疑。在當時正夯的學校評鑑準備活動中，身為培元的指導老師，我常常在會議中得到額外的「關心」，而必須交代「為何你的學生要念這麼久？」。我絲毫不介意同事的質疑，我可以編各種理由讓培元的書寫不受到干擾，因為我知道培元知道自己要什麼，為他撐出一片可以完成自我書寫的空間，是我至少可以為他做的事。現在回想起來，培元堅持回歸自己的書寫方式，正是我期許自己的知識生產；正因為我所處的學術環境不支持、甚至不允許，我支持培元完成這份論文，讓我在學術現實環境中所受到的創傷，從培元身上得到療癒。老師沒能完成的，學生做到，也一樣值得慶祝！我於是體驗到學者老化的第一步：以學生的成就為傲，培養學生就是自己學術生命的延續。

為何我跟培元想以自我敘事作為一種知識生產方式？簡單地說，我們想要突破寫論文的研究者無法書寫自己的禁忌。社工作為一種助人專業，社工用自己當作助人的工具，社工自我的反思與整合就是助人專業的核心。但在現有學術論文的主流框架下，因為強調客觀中立，研究者不被給予現身書寫自我的空間，以致於研究者多半都是戴著客觀中立的面具書寫他人，反而看不清楚自身的面貌。弔詭的是，許多社工是帶著工作上的困惑與疲憊來念研究所，希望對自己的經驗有所釐清，但他們的經驗在主流學術規範中卻無容身之地。我們想召喚大家回到自我經驗進行研究，讓客觀中立的研究者從冷冰冰的測量工具背後現身，變成一個從自我經驗書寫的作者，敘說有血有肉的生命經驗，這是自我敘事這個後現代研究典範帶來的寧靜革命。培元這本論文為自我敘事帶來非常棒的示範。

培元在論文過程中的掙扎正充分顯示自我敘事的挑戰。他換過非常多的題目，每個題目都非常偉大且重要，但提出一個問題跟我討論後，他就消失無蹤一段時間；經過四、五次來回之後，我的熱情逐漸被消磨，開始懷疑這種循環已經成為培元的行為模式。有一天他告訴我，其實他最想研究的是他自己作為胖子的經驗。被放鴿子多次後的我，已經幾乎快放棄希望，但聽到他有燃起熱情的題目，儘管仍有懷疑，我還是打起精神鼓勵他做下去。我很慶幸自己沒有放棄他。這個做出一個偉大的承諾、最後卻因為自己無法承擔而不得不放棄的惡性循環，正是培元在社工職場上的經驗，卻是源於他原生家庭的暴力衝突，作為大兒子想阻止父親的施暴，卻又無能為力的再現。

我知道培元有很好的社會學理論基礎與抽象思考能力，因此要求培元要閱讀行動研究與自我敘說的相關文獻，但培元堅持從實作中去學習自我敘事，去磨練出他對自我敘事的理解。後來他把自學的自我敘事經驗寫成一篇期刊文章，用周星馳電影作為隱喻生動地捕捉自我敘事的精神，堪稱一絕[1]。他決心要將作為權威的學術理論從神主牌上移除，避免對自我敘說造成擠壓，這也讓我反省自己對文獻回顧的要求與期待，是否也抹殺了學生書寫自己的空間。同樣拒絕理論權威的精神也展現在培元將文獻定位為「跟他對話」的作者，不侷限在所謂的學術論文，而是所有幫助他思考的文本。他將理論視為故事的一種，用故事解放了文獻的權威性格，回復故事與故事相互對話的真實相遇。

培元的論文書寫過程最讓人動容的就是他用論文面對自己的勇氣。書寫自己的胖、面對受暴的母親與施暴的父親、毫無保留地讓別人進入他最細微的生命脈動，培元用手術刀一般的精準，將自己解剖；但又用黑色幽默將這些分割的肌理揉合與承接起來，讓讀者看到一篇有社會批判力，卻又具有個人生命感動的故事。這種將故事寫到有美感的境界，已經不是理性思辨的層次，而是人生體驗的層次，這讓我想起希臘人對知識是讓生命更美好的期待。只是曾幾何時，說故事作為一種最古老的知識形式，如今以自我生命經驗作為書寫的論文竟然已成為學術界的稀有特例，現有學術體制對知識生產者的異化程度可見一斑。

培元的自我突破如同堆積木一般，每一步都需要以之前的基礎作為墊腳石。最讓我印象深刻的是，培元想問他受暴的母親為何不離開，但又不敢問，於是他利用開車帶母親返家開車途中進行訪談。開車，彼此視線向前，因此不必面對面正視對方，雙方都像閒聊般自在；一同向前看，卻又象徵這是彼此生命中共同經歷卻不曾相互理解的重大事件，要朝向未來雙方都必需重新詮釋才能經過的關卡，需要彼此攜手面對的意願。我依然記得，培元訪談後，在課堂上分享時神態異常清爽，透過母親對父親的原諒與釋懷，培元才有力量並以一個成年男性的立場重新靠近讓他又愛又恨的父親，這是一個多麼不容易的相互寬恕和

1 蔡培元，〈那兒風光明媚，看你怎麼去追：記述那自我敘事的沿途風景〉，《應用心理研究》六十七期，二〇一七冬季號，頁一八一—二二二。

解與情緒釋放的過程。

自我敘事論文的書寫絕對不是一個人埋頭閉門多日就能完成，而是需要他人的參與與對話，才能幫助作者「說一個不一樣的故事」。培元在書寫過程中，除了跟媽媽，女友、國中同學、熟識的好友都是他對話的對象。這些參與培元生命的重要他人，從他們的立足點提供培元不同觀點重看自己的經驗，因此可以重新說他的故事。讓我印象最深刻的是，對自己胖子身體形象缺乏自信的培元問他的女友：「跟一個胖子做愛是什麼感覺？」他的女友當下回答：「我不是跟胖子做愛，我是跟蔡培元做愛！」這句妙答讓我拍案叫絕，又熱淚盈眶，他的女友讓培元看見她眼中看見的是培元這個人，不是胖子這個標籤。長久烙印在培元身上的胖子污名在這句對話中被輕巧地解封。人們說故事不只是自己說自己的理解，敘說過程中旁人的提問與回應，讓人有機會從旁人眼中看見自己，讓故事轉向，得以重說。

我記得，那時許多研究生在讀完培元的論文後，即使自己不是胖子，他們都會說：我們心中都有一個胖子。胖子，成為不符合社會期待的代表，我們成長歷程中多多少少都曾有不符合社會期待的一面。能召喚這麼多人說自己的故事，是因為培元的論文將自我故事寫到通透，於是個人故事不再只是個人，而是社會的縮影，讀者可以在故事中讀到自己可以投射的角色與整體社會對個人的建構，這樣的通透是需要作者不斷超越既有故事框架的努力，這需要面對自我的勇氣、文字能力與思辨能力。雖然時隔十四年，這本書仍然足以召喚人們說出內心故事的慾望，解放自己心中隱藏壓抑的胖子。當論文可以成為書寫自我經驗的空間，研究者就轉身成為作者，成為有血有肉的生命，這樣的學術是不是更有趣？更不用擔心有人會去抄襲論文，因為生命都是獨特的，故事當然都不一樣。

目錄

推薦序　解放研究者・成為作者／王增勇 7

序章　說故事，作自己 21

1. 生命總在找路走 22
2. 「胖子」是個真議題 24

第一章　一個胖子的生成 29

1. 國小——胖子的初體驗 30
2. 國中——苦悶的胖子 36
3. 高中——隱形的胖子 41
4. 中央大學——兇惡的胖子 46
5. 體力勞工——不夠靈活的胖子 52

6. 東海大學——不想作「胖子」的胖子 57
7. 社工實務工作——不知不覺的胖子 61
8. 再回東海大學——尋找自己的胖子 65
9. 完成論文後——不再是「胖子」的胖子 68

第二章 國中畢業紀念冊作為一個文本 71

1. 國中導師的諄諄教誨 73
2. 找不到愛情的胖子 80
3. 我的肥，我的胖 93
4. 傾聽與助人 103

第三章 為啥「胖子」是罵人的話？關於胖子的論述 111

1. 胖子的類型 113
2. 胖子的經濟學 124

3. 胖子與病人 135
4. 自我管理——一群沒有道德的人們 142
5. 論述的詭計／軌計 145
6. 面對論述的可能性是什麼？ 151

第四章 我的身體．胖子的身體 155

1. 發現我的身體 159
2. 不正常——胖子作為一種殊異的身體形式 168
3. 驅邪除魅——看見我的身體 177
4. 做愛作為一種身體探索 185

第五章 究竟我為什麼吃這麼多？關於媽媽與食物的記憶 193

1. 媽媽的手藝與美味的食物 196
2. 我的偶像是媽媽 202

3. 滿足媽媽的成就感 209
4. 長子的責任 220
第六章 一個自在的胖子 223
1. 為「胖子」出征 224
2. 原來「胖子」是個假議題 227
3. 自在的樣子 231
後記 233
參考文獻 239

我在意我的胖，
聽說是因為「胖」是對我最大的壓迫。

所以我在意，
然後我也在意別人的在意，
我更在意別人在意我的在意。

我想辦法把我的「胖」隱藏起來，
這可真是不容易。

我想辦法把書念好，
把成績考好，
想辦法作一個靈敏慧黠的動物。
因為我不要作「大摳呆」，
因為「大摳不離呆，不呆就是狀元才」。

我要作狀元才。

我想辦法讓自己當人，
不要是好吃懶做的「肥豬」。

我想辦法……

……

是的，我是一個胖子。

而且，

僅僅只是一個胖子。

序章 / 說故事，作自己

1 生命總在找路走

人生很有意思，每個當下都在反映自己的轉變，即便當時我們不一定清楚。

這本書其實是我的碩士論文。[1]

妳／你應該會說：什麼？碩士論文可以這樣寫？

我本來也不想，我本來也不知道碩士論文可以這樣搞，我本來也沒有打算這樣把自己的故事攤開來給別人看。我本來想要寫的，都是很「偉大」的題目，「弱勢」、「國家」、「基進」、「政治」，看起來就是很了不起，多麼符合我正氣凜然的形象。我的腦袋裡充斥著這些詞彙、理論、概念，讓我有高人一等的「優越感」，讓我覺得我是雞群裡的鶴。然後，我開始寫不出來。愈是想完成它，就愈寫不出來。我卡住了，愈來愈不知道這些東西跟我有什麼關係，就像是大便大不出來，只有一種便祕的感覺。

原來，因為我的人生不順了、受傷了、不那麼理所當然了，所以我想瞭解的、探索的、書寫的也就不再是過去那樣「龐大」的議題。只是我當時是說不清楚、搞不明白的，但那種走投無路的感覺卻是很真實的。我離家、休學、換工作，只為了讓自己有機會、有距離，重新看看我自己發生了什麼事。然後，我想到用論文來作為我面對人生困境的可能。因為，從自己的困頓出發的寫作與探索，是一種方法，也是一種出路。對我來說，這是一種新的冒險，要承認自己受傷、委屈、無能為力是需要很大的勇氣的，是會破壞我雄壯威武剛直嚴肅的「大男人」形象的。但是，「好好活下去」的動力，逼得我開始這段人生歷險。

於是，從發現社會工作中組織歷程對我的重要影響開始，我用「組織工作者」這樣的身分與視野前進，但發現這還不是我真正想要的、真正能安魂鎮靈的。一直到有一天我在和一個老師的小孩鬥嘴，她用了「死胖子」來回應我。於是「胖子」，這個很久沒出現的身分又回到我身上，這個我一直不願意承認的身分又回來了。許多記憶不可遏抑地湧出來，原來我都記得這麼清楚，原來我一直沒有忘記，我一直記得因為這樣的身分所帶來那個不斷

---

1 蔡培元，〈我僅僅只是一個胖子——記述一段朝向自在的歷程〉，台北，國立陽明大學衛生福利研究所碩士論文，二〇〇八。

受傷、沒有自信的自己。我知道，就是它了。

我僅僅只是一個胖子，就這麼「簡單」，卻也這麼「不簡單」。

過去我就像著迷於絢麗的外功、手腳與刀劍，那些目不暇給的招數讓人目眩神迷，忘了自己。我不斷地追求，要讓自己也可以演練這些讓自己虛張聲勢的招數。但我卻忘了蹲馬步，不願意練內力，所以我出拳無力、招式虛浮。面向自己，就是讓自己從紮實的內力功夫開始練起。

2 「胖子」是個真議題

早在從我變成「胖子」的時候，我就開始一段否認與接受互相交纏的生活。正是因為這樣的「勾勾纏」，讓我確認「胖子」真的是我的人生議題。

我要是一個「胖子」

有時候我希望我是一個胖子。

每次在有肢體活動時，老師總是會先說她的要求是什麼，然後每個人都要做到以作為評分標準。每次當我跳箱跳不過、投籃跳不起來、跑步速度比其他人慢時，我總是想跟老師說：「喂，這樣就很厲害了，不要要求那麼多，我可是一個胖子呢！」

每次有人告訴我，做事情動作要快一點，不要拖拖拉拉。雖然我會因此加快點速度，但我總是想跟她／他說：「嘿，這樣就很快了，不要要求那麼多，我可是一個胖子呢！」

每次有人告訴我要吃少一點，說這樣的分量就夠了。雖然我還不需要跟別人討價還價，但我總是想跟她／他說：「拜託，這樣還算多，你有沒有搞錯，我可是一個胖子呢！」

每次追了哪個喜歡的女孩子又失敗了，又拿到一張好人卡時，我總是這樣告訴自己：

「哼，還不是因為我是個胖子！」

每次班上要選班長，當我與其他同學一起被推舉出來投票然後選輸時，我總是這樣告訴自己：「哼，還不是因為我是個胖子！」

每次體育課打籃球猜拳選將時，不管是由誰開始猜，每次我總是最後一個被選的。我總是這樣告訴自己：「哼，還不是因為我是個胖子！」

「胖子」常常是我面對失敗的藉口、擋箭牌，我的生存安全閥。我發現其實我好需要「胖子」來當我的終極「歸因」，這樣我可以輕易躲掉各種不努力、不積極的指控，讓我可以「安全地」繼續活著。

我不要是一個「胖子」

更多時候我希望我不是一個胖子。

我總是期待著愛情。在不同的階段我會喜歡上不同的人，而同樣的下場就是被不同的人拒絕。我熱切地期待，滿心付出，但常常被澆冷水。雖然自以為集聰明、親和、幽默、善解人意等優點於一身，但往往敵不過「胖子」。可不可以不要把我當成胖子？

從小我就不太喜歡自己去買衣服、鞋子。一般來說，大家買衣服都是先看衣服好不好看，然後再找尺寸。我剛好相反，我得先看尺寸，在非常有限的大尺寸中去找好看的。最常發生的狀況是，「抱歉，這裡沒有你能穿的尺寸。」久了，我常常直接放棄。可不可以不要逼我做「胖子」？

常常在坐公車時，我坐在雙人座上，即使車上滿滿都是人，但我旁邊的位子卻總是空的。我總是期待有人來跟我擠，我是很樂意的，只要不要讓我覺得很尷尬，胖得很尷尬……。

吃東西時，最常發生的兩種狀況是，「啊，吃不完，那都給胖子吃就好了。」或是「什麼，你已經吃這麼多了，你還要繼續吃，不怕肥死啊？」拜託，我吃或不吃是看我到底餓不餓，不是看我的體重。可不可以不要只看到我是一個胖子？

「胖子」是我最大的敵人，因為我最常被「他」打敗。「胖子」也是我的惡夢，因為我竟然被我最大的敵人附身了。我常常希望可以打敗這個敵人，卻總不如人意。

原來「胖子」是個真議題

原來面對「胖子」這個身分，我的對待總是反反覆覆、游移不定。這個不斷交織在生活中的矛盾，真實地影響了我的人生。面對「胖子」，我沒有自信要或不要，我欲拒還迎，我內在對這個議題的態度愈不一致，愈顯示出我的不安。

因為「胖」，我逼自己愈來愈不像自己，有愈來愈多的表面功夫。正因如此，要找回自己，只有誠實面對這個常常藏在我內在深層的「胖子」，只有這樣我才能開始。對我來說，「胖子」真的是個貨真價實、不可迴避的議題。

所以，我寫下我作為胖子的故事，我的故事。

第一章 / 一個胖子的生成

我不是生為胖子，而是變成胖子的……

從小我就極不願意承認我是一個「胖子」，雖然不管從客觀上的哪一個角度，或是主觀上我偷偷的、不願意承認的認知，都一再地告訴我：「沒錯，你就是一個活生生的胖子。」在我每個不同的人生階段，認識了不同的朋友，也都分別用不同的方式提醒我這個胖子的身分。

1 國小——胖子的初體驗

曾經輕盈的回憶

國小是我變成胖子人生的開始，真是值得紀念！在這之前，我是一個苗條的小朋友，對胖子的記憶是，幼稚園時我對面坐了一個可愛的胖女孩。我們常常在不同的活動中被湊成一對，我們的感情也相當不錯。至少在那個年紀，「胖」還不是什麼大的罪過。

記得在剛入學時，班上並沒有胖子。國小二年級時我曾經代表學校參加嘉義市的國小民族舞蹈比賽。是的，好像有那麼一段我很輕盈的回憶。我還記得，因為要滿場飛奔，所以那可是要手腳靈活的學生才能入選，而且一班只有一、兩個，算是一種榮譽。這段回憶，當然還要加上當時的照片佐證，好像就成了證明我不是從小胖到大的證據。（只是，是不是從小胖到大有那麼重要嗎？對呀，我又不是從小就愛吃又不運動的！……咦，其實我好像也是用這麼樣的方式來看待一個胖子！）

那是七〇年代末期，台灣社會正要開始享受經濟高度成長的豐碩成果，台灣錢慢慢地淹到腳目。物質生活不虞匱乏的結果，就算屬於小康的家庭，也慢慢開始有錢可以買糖果、餅乾給小孩當零嘴吃。對於「胖」，已不再視為是一種「福氣」，也開始有人為文鼓吹「瘦子的福氣」[1]。

1 「充分的醫學證據告訴你，『瘦』不再是令人氣餒的事……（比胖子）更健康……更有抵抗力」。李昭澈譯，〈瘦子的福氣〉，《健康世界》，一九七六。轉引自林盈秀〈減肥的身體的我——歷史與性別的觀點〉，國立清華大學社會所碩士論文，二〇〇四。

胖子初長成

國小三、四年級時開始學游泳。正在發育中的小孩是一個可怕的動物，就算吃了垃圾也會變成肉。每次游泳完最重要的事情就是狂吃好幾個麵包，漸漸地，我的身材跟麵包愈來愈像。一起游泳的朋友開始叫我「大摳呆」，有一次他們被一個大人糾正——大摳不一定呆，後來我又被叫做「大摳巧」。但不管我是呆還是巧，重點是大摳。所以我是個聰明的胖子、我是個靈活的胖子、我是個可愛的胖子、我是個活潑的胖子……。接下來的日子裡，我認分地作個前面有很多形容詞的「胖子」。

體育課的糾結

國小時很怕上體育課，尤其是還要在女生面前跟其他男同學競爭。當然，好聽一點是競爭，比較真實的狀況是「出醜」。跑步總是跑最後，跳箱跳不過去，打籃球時跳不起來投籃，玩躲避球總是因為移動不夠迅速、目標明顯而很快被K下場。體育課常常是我最抗拒的時間。只是，為何競爭的失敗對我來說是一種「出醜」？因為我要當一個「德智體群美」五育優良的學生，我要當一個女同學們崇拜的完美男孩。體形的限制是我不願意卻不得不承認的「阻礙」，這嚴重影響我在其他人面前的形象，卻是不得不接受的事實。

我還記得國小一、二年級時，每年我都是班上的模範兒童，二年級正逢聯合國的國際兒童年，還拿到一張看不懂的英文獎狀及一枚獎章。可是到了五年級要選模範兒童時，老師找了一個同學跟我競爭。她說，我是「品學兼優」，另一個同學是「多才多藝」，她不知道要怎麼選。後來她決定選「多才多藝」的同學，理由是我的體育成績不好。

畢業時，我是第二名，拿的是議長獎。級任老師告訴我，原本她以為我應該是第一名的，我跟她說，應該是到了六年級時成績變不好輸掉的。她說，她本來也這樣以為，後來一查才發現是因為體育成績太差的結果，因為第一名的同學還是學校的田徑隊呢。

在一個號稱要五育均衡的體制下，往往透過比較而操作下來的結果，不是讓每個學生適性發展，而是讓每個學生在不同的弱點裡受傷。因為體育課的經驗，後來我常會覺得這與肢體障礙學生有著類似的遭遇，我非常可以理解那種會出糗又不得不被觀看的窘境。

胖哥哥

這個肢體限制的事實讓我必須在其他的地方找出路。四年級時，很「榮幸」地參與進學校剛剛成立的幼童軍團。開玩笑，一個胖子能被選進幼童軍團這種強調肢體活動的組織裡，當然是一種「榮幸」。不過既然肢體靈活不過別人，我總該動動腦袋、耍耍嘴皮吧。我開始在每次的訓練裡想盡辦法搞笑、耍寶，讓團長老師也對我印象深刻，慢慢地在幼童軍團裡，人家對我的印象從「胖子」，到那個幽默愛玩的，最終變成幽默愛玩的胖子。這樣的形象一直到一年後學校的女幼童軍團成立到達了顛峰。

五年級時女幼童軍團的成立，讓我們幼童軍團有很多接觸其他女生的機會。因為之前的形象，我常是被派出去跟女幼童軍團交涉的人，也盡力表現我的幽默風趣，再加上當時的成績很好，所以有一位負責訓練的老師在一次訓練裡說：「大家都要跟胖哥哥學習。」哇，從來沒想到原來「胖」也可以變成是正面的特徵。因著這樣的形象，每次與女幼童軍接觸時所接受的崇拜與親近，漸漸地，「胖」，好像也不是件很嚴重的事，在幼童軍的生活中，我漸漸忘記我是一個胖子。

一直到六年級，有一次又是與女幼童軍出遊的場合。利用晚上的自由活動時間，我想要約一個我很喜歡的別班的女幼童軍單獨去逛街，正在想可以順便買個她喜歡的禮物送她。沒料到，她直接拒絕我，理由是──「你那麼胖，我才不要」。剎時我重拾「胖子」的身分，尷尬地落荒而逃。我終究逃不了胖子的宿命，第二天還是得繼續做個幽默風趣的胖哥哥。多年以後我才慢慢體會到，不得不的「心寬體胖」，是胖子的生存策略。

另一種肢體活動

這樣的體型既然無法在以田賽、徑賽為主的國小體育課裡得到好處，我開始學「功夫」，也就是柔道及跆拳道。學習柔道正因為體型，爸爸看到電視上日本學柔道的人體型都很壯碩，決定送我去。柔道訓練一開始就要先學會當被人摔的時候要如何保護自己，所以我練了很久保護自己的方法。也因為每次學柔道的結果都是弄到腳扭到而終止，下次再去又是從保護自己的基礎開始練起。這個保護自己的方法在一次車禍中見效。據當場目擊的堂哥描述，只看到一個胖子順勢滾了三圈，然後毫髮無傷地站起來。原來胖子也可以很靈巧！學跆拳道則是一種集體行為。當時因為某個道場的教練到學校來招生，許多同學都報名了，我也不能免俗。只是同樣的動作，我做起來就比起別人笨拙。有趣的是，這個道場的升級，只單純看每一級的動作是否正確，至於有沒有力、能不能應用那就再說。所以我竟然也一路升級到了紅帶，一個跆拳道紅帶的胖子，好像可以稍微驕傲一下！

國小畢業時，我的體重是六十公斤。關於重量則是我會清楚記得的事，因為在胖子這條軸線上，體重，是永遠不能承受之重。

2 國中——苦悶的胖子

青春期最是苦悶，特別對一個胖子來說。在這個階段開始對身體、對性的好奇，對胖子來說正是開始一段面對自己身體尷尬的歷程。悶啊！

內在的「小警總」

國二時在一個要好同學的吆喝下，我也住進了學校宿舍。這是一間老學校，宿舍已算是老舊，且是一大間裡面擺滿了上下鋪的床，就像是監獄或是軍隊一般。每當要換衣服時，對身體極端沒有自信的我，總是得找個沒人注意的角落，迅速地脫下衣服、褲子，換上新的服裝。總是害怕萬一被人看到我那被肉堆積起來的身體，不知道又會被如何宣傳。胖子的身體會被評論的方式，是我內在的「小警總」。

男生洗澡的地方就像是軍隊裡的大澡堂，只有一個共用大水池，大家就著水池邊緣用杓子舀水洗澡。這是一個展演身體的場所，尤其是在國、高中的青春期，對性、對身體好奇的程度，讓大家一方面很想偷看別人的身體，一方面又擔心自己洩了底。所以洗澡時總是遮遮掩掩，大家是穿著內褲在水池邊洗澡，洗完之後再找個角落迅速地換上內褲。這樣的洗澡方式當然也讓我甚感困擾，我總是得等到大部分的人都洗完後再去，但又得趕上熱水停止供應的時間，每天到了洗澡時間都像是戰鬥。或許大家都以為，男人展露身體似乎是平常不過的事，路邊也常見許多阿伯天氣熱時就打赤膊。但對我來說，展露身體就是暴露缺點，就是製造話題，就是將自己置入那個被取笑的標的。想盡辦法隱藏，是我所能想到的唯一辦法。

有一次一個比我小一屆的學弟不知為何跟高中部的學生起了衝突，我覺得這是大欺小，所以護著學弟，還要他把床位挪到我旁邊以便保護。後來那個高中生藉故要找我單挑，他說：「你不是說你會跆拳道，那我們來比武。」結果是我的眼睛被打了一記黑輪。他打贏了還撂下一句話：「哼，我還以為長那麼胖會很有力……。」

青春期正是對身體好奇與探索的時期，從而建立起自己的身體形象。但因為這個胖子的身體，在一次次與其他人互動的過程中，我建立起來的是對自己的無自信，但又必須掩藏這個沒有自信的自己。

以嘲笑換取認同

當時同學之間不知為何流行起比腕力，每到下課總會有人開起擂台。本來我是被同學公認應該是最有力氣的，可是幾次比賽下來，我竟然輸給好幾個人，這不但引起同學的取笑，更讓我感覺羞愧。雖然是個胖子，但總該做個有力氣的胖子，總不能肉多又沒力，不是更加證明了這些都是肥肉，又更與「肥豬」靠近？所以每天晚上我開始健身，仰臥起坐、伏地挺身、啞鈴、手腕健力器等是固定的運動，不是為了減肥，是為了做個有力氣的胖子。

青春期的同儕認同是一件重要的事，但有時爭取同儕認同的方式卻是莫名其妙的、衝動的、甚至是傷人的。有次有一個同學打算從二樓往下跳，就是為了要向大家證明他是有勇氣的，還好最後是被攔下來了。還有一次班上十個男同學一起去召妓，只為了互相證明「有種」，後來是小姐不願意一次接這麼多人而不了了之。當時男同學都會對女同學的身材品頭論足，根據身材來取不同的綽號，而嘲笑胖女生竟成了最傷人的同儕認同方式。對我來說，這也是截然不同的性別經驗[2]。

當時班上有一個長得矮矮胖胖的女生，我們幫她取綽號為「肉母」，而另一個長得瘦瘦高高的女生，我們幫她取綽號為「肉婆」。於是這兩個同學就成了我們共同排斥的對象。班上換座位時，只要哪些男同學被排在她們四周，肯定會被取笑，而她們則莫名又要被咒罵一番。看著這樣的狀況，我是擔心的，我擔心因為「胖」而被這樣對待，為了爭取同儕間的認同，我選擇加入男同學間排斥胖女同學的行列。因為我是男性，雖然作為一個胖子，我還沒有遭受到那樣惡劣的對待，現在想起來當然是對女同學覺得非常抱歉。

2 謝寒琪，〈一個肥胖兒童的故事——肥胖兒童的人際關係與自我認同〉，花蓮：花蓮師範學院國民教育研究所碩士論文，二〇〇三。這篇論文訪談的是一個女學童，女學童也談到因為胖而被同學嘲笑的經驗，罵她胖的人中一樣有胖的男同學。這裡「胖」是一個經驗，但「性別」則又是凌駕在這個身分之上的概念。

小時候胖不是胖，是「膨皮」

這是國中數學補習班老師常說的一句話。

國中一起補習的幾個同學中，剛好我們有四個同學很會跟老師鬥嘴，所以老師稱呼我們為「四人幫」，也剛好我們四個都是程度不一的胖子。有一次忘記什麼原因，我們跟一群女同學鬥嘴，結果那一群女同學的「絕招」就是用「死胖子」來回罵。沒錯，這是「絕招」，我們完全沒有回嘴的餘地，因為事實就是這樣，我們只能挨罵。那感覺就像是一個肢體障礙的孩子被罵「跛腳」時，是因著這樣來形成自己的身分想像，但同時卻也只能無可辯駁的接受。

後來補習班的老師不知為何聽到了，他大概也聽出我們被用「胖子」挨罵，他便很巧妙地在課堂上指著我們「四人幫」說，「小時候胖不是胖，是膨皮。」「膨皮」這個形容嬰兒時期可愛的嬰兒肥用語，稍稍轉化了面對胖的尷尬，至少，還可以宣稱自己是個可愛的、還沒有成形的胖子。

國中畢業時，我的體重是九十公斤。國中同學寫畢業紀念冊時還覺得，哪有那麼「勻稱」

地每年胖十公斤。不過千萬不要跟我爭辯，因為我可是用體重來寫日記的，體重可是我在意地要死的東西。

3 高中——隱形的胖子

升上高中後，一方面要面對聯考的壓力，讓我的高中內容乏善可陳，純男校的生活少了很多樂趣。另一方面，爸爸癌症過世讓我的生命面對了不知何以為繼的處境，所以高中生活是我目前為止最為「灰暗」的日子，我常覺得自己在那段日子是個「隱形人」。

胖子的功用

高二時，爸爸得了肝癌，開始了一段在醫院裡進出的日子。有一次要到醫院裡等看報告，同時還要打止痛藥，因為媽媽有事情沒辦法跟著爸爸在醫院等，就由我請假陪爸爸去。那時還沒有什麼安寧療護，也沒有什麼整合門診，就算是一個癌症病人，為了完成所有的療程還是得在不同的科別間轉來轉去，這讓我們耗了一整個下午的時間。

爸爸的體力在當時已非常虛弱，當我們在不同的診間外面等待時，爸爸說他好想躺著休息。我要爸爸就直接躺在我的大腿上，爸爸說，那你會很不舒服，我的回答是：「我長那麼多肉就是要讓你躺的。」爸爸看了看我，然後就很安心地把頭枕在我的大腿上休息。

這是我第一次覺得自己能照顧爸爸。看來有這麼多肉也不是壞事，胖還是有點功用的。

第一次的接力賽

一般來說，競賽的目的就是要贏，從小我就沒有被選為大隊接力的選手過，但高中時倒是陰錯陽差地有了第一次接力賽的經驗。

高中時班上有三十八人，在一次學校運動會中，因為每個班級要找出三十個同學參加大隊接力，理所當然，我不會在這三十人名單內。只是比賽當天，有幾個同學因為參加其他的競賽項目受傷，在下午的大隊接力無法出賽。班上的危機處理方式就是讓我們這幾個「二軍」出賽。

有了這樣的機會，我當然要好好表現一番才行。因為運動會從來跟我都沒有什麼直接關係，所以我也不會有特別準備。當天我也沒有準備運動鞋，於是我打算赤腳上場。接著是同學的耳提面命：你要先半蹲準備要跑的姿勢、眼睛要注意後面傳棒子的同學、接到棒子時要緊握好、操場是沙地要記得踩實、看到下一個接棒的同學身體前傾盡快交棒。

這對我來說真是既期待又怕受傷害。這是第一次的經驗，我也想好好表現。但我也自知，跑步這回事從來不是我的強項，萬一表現不好，很容易就成了大家怪罪的對象。但似乎也只能奮力一搏了。

真正上場時，我很擔心會搞砸。我記得那時我似乎聽不到其他的聲音，只專心地注意著同學什麼時候跑過來交棒給我。當拿到棒子時，我開始奮力地往前跑，每一步都很害怕沒踩穩而跌倒，我也不知道我跑得快不快，因為同學就跟在場邊跑，一面叫著要我快一點。當時只感覺我的肚子就跟著我的腳步上下晃動，全身的肥肉跟著一起跳動，感覺就像是一面要往前跑，一面要把四處晃動的肉給拉回來。這個奇妙體驗讓我後來在跟同學討論時說：「不然你背著三十公斤的肉跑跑看。」短短的一百公尺，不知道跑了多久，但我還是成功地完成了任務。交棒後，在場邊大口喘氣時，覺得全身的肉又再次回到原位。

當時有同學跟在場邊照相，後來還特地洗了兩張給我。照片中我的表情看起來就像是一心一意要做到什麼事一樣，而我的肚子總是在我之前入鏡。另一個同學描述他看到我在跑步的樣子，就像是一頭「奔騰的山豬」。胖子好像從來都離不開這樣的比喻。

忘不了的眼光

國小時跟一個別班的女同學很要好，我們常一起去游泳，游泳前我會去她家吃點東西。因為常去的緣故，和她家人也都熟識，包括她的父母。再加上我成績很好，她父母也很歡迎我去，甚至偶爾會送我些小禮物。雖然在國小游泳時就已經開始變成個小胖子，但因為持續在長高，國小時還沒有出現「大肚腩」，是一個身形還算很勻稱放大的胖子。到了國中時，雖然還是念同一所學校的隔壁班，但大概是因為青春期的尷尬，讓我們變得愈來愈不熟，我也很長一段時間沒有到她家去。

一直到高中時，有一次讓我印象深刻的偶遇。

高中時我的長像是這樣：因為開始長鬍子，嘴上總有一些黑黑的鬍渣，我基本上是不刮鬍子的，看起來會覺得髒髒的；因為解除髮禁，頭髮的長度就是一般的「軍官頭」，但我不愛梳頭髮，頭髮看起來總是亂亂的；體重快速增加的結果，沒有往上發展，所以開始堆積在身體的各部位，最多的地方是肚子，讓我有個中年男人的啤酒肚；再加上當時因為爸爸癌症過世，讓我頓覺失卻生活的意義，整個人看起來就像是一個烏雲罩頂的「糟胖子」。

那一次因為我跟高中同學約出去，剛好就約在那個國小女同學家裡的路口。當我在路旁等同學時，剛好女同學的媽媽載著她要返家，忽然間看到我，於是停下來要跟我打招呼。只是我看到她臉色怪怪的，先是打量了我全身上下，然後說了一句：「唉呦，你怎麼變這麼胖，肚子變這麼大。」然後先是搖搖頭，臉上出現了詭異的笑容，又瞄了我一眼之後就走了。我忘不了她媽媽的口氣和眼光，就像是看笑話般、又像是非常鄙棄。

這個經驗後來常常被我想起。因為我總是認為我就是我，就算我變胖了還是我。只是我經驗到的與別人互動，變胖的我跟還沒胖的我被對待的方式是不同的，這樣是更清楚地被告知，「胖」，是一件令人嫌惡的事。此外，還有其他與同學互動的過程加強了這樣的描繪。就像是一個熟識的高中同學因為常到家裡來，看過了我家裡的人，他的結論是：「你是你們家最醜的。」理由是我是我家最胖的。

高中畢業時，我的體重是一百二十公斤。我也覺得這件事情很神奇，距離國中畢業的三年間，也是平均每年胖了十公斤。不過高中時的體重對我比較沒有意義，因為如果連活著都有疑問時，哪管體重有多少。

4 中央大學——兇惡的胖子

經過了高四的生活，我學會了蹺課，蹺掉那些無聊的三民主義課。當時是被老師慘罵的事情，現在想起來反而是自己有勇氣選擇的開始。而考進大學更是提供我自主學習、重新認識社會更大的空間。不過，反映在我的課業上的，是大一上學期差點被退學，及沒有畢業的結局。而在參與運動抗爭的經驗中，我愈來愈習慣於那樣的爭吵與敵我分明的辨識，這讓我的個性為之丕變，我覺得自己在那一段時間裡是個兇惡的胖子。

不修邊幅的胖子

選擇物理系是因為我本來想當個「科學怪人」。就是像愛因斯坦那樣有一頭蓬鬆的亂髮，然後整天思考科學問題那樣的怪人。台灣的科學教育一直是很技術內容的，通常只告訴學生哪個科學家發明或發現了什麼樣的科學現象，但從不告訴學生這個科學家的哲學背景、政治立場、社會關懷，我們常只能從科學家們的外表來模仿。所以從剛進大學時，我就是一個一頭亂髮，穿著短褲、T恤，趿著拖鞋的物理系學生。這一切都來自於我對「科學怪人」的想像。不過在後來進了社團，開始閱讀社會科學的著作，我被那種與過去自然科學線性邏輯推理的訓練截然不同的視野吸引，而幾乎放棄了物理系的課業，當然也就當不成科學怪人了。

而在不同學校的（號稱）學生運動團體裡，男性隱然有一種「時尚」的主流裝扮，我想那是來自於對雅痞的想像。那樣的裝扮是：要留著長頭髮，且一定要長到可以綁馬尾；要蓄著鬍子，不論長短，但要留得有個性；坐的時候要兩腳交叉；手上還要夾根煙，在一片煙霧瀰漫中談論馬克思、辯論運動路線等。這樣的裝扮與形象實在太帥了！當不成科學怪人的我，總要當個「時尚」的「學運知青」，我開始留長髮（雖然後來實在等不到可以綁馬尾，就因為受不了天氣熱還是把它剪了）；開始不刮鬍子，讓它自由發展；坐的時候因為大腿肉多，我根本沒辦法夾起來，但至少要蹺隻腳；不喜歡煙味但為了耍帥，還是要朋友的薄荷涼煙來抽，沒進肺部只是進了嘴巴就出來，至少有那麼點味道。

好了，這樣的裝扮讓我看起來就像是個頹廢而不修邊幅的「死胖子」[3]。有一個朋友看到我當時的造型，他說，他只有瞠目結舌的感覺，他的形容是「畫虎不成反類犬」。我當不成「時尚」的「學運知青」，到後來只落得變成不修邊幅的胖子。

我是掛了「敵我辨識系統」的刺蝟

在一次次的抗爭中，我的「敵我辨識系統」愈來愈敏感，以便我可以很快做出判斷，同時我也變成一隻滿身是刺的刺蝟，隨時準備攻擊。

在一個學長的指導下，「規定」每年要在校內搞一波運動，我們得隨時注意著校內的議題。這樣做的原因是，一方面要蓄積運動的能量，所以要透過這個過程來操兵，訓練我們的敏感度、應付敵人的能力及運動策略的思考能力。另一方面要讓學校知道這樣一群學生一直都在，不可以太過忽視學生的反擊能力。從學生宿舍的問題、政治人物進入校園到校園出借給外面社團辦活動導致破壞校園事件，我們每年都有新的成員加入，每年都帶著新成員進行新的抗爭，然後挨罵、學習、再挨罵、再學習。在這個反覆不斷的過程中，我被教導要如何細膩地分析哪些人是同志，哪些人是敵人。

在運動的場子中，有不同的人用不同的態度、角色、目的來參與，想要分一杯羹，或支持或打擊，所以只有不斷加強自己的「敵我辨識系統」，不斷地將系統升級，要更快速地分析完畢做出判斷。這讓我的生活很緊張，深怕哪一次的判斷錯誤會影響了整個組織及運動的推展（這些當然都是被教出來的），當時這樣的訓練影響我的是，我變成必須先判斷每個人才能進行下一步的行動，同時也害怕被別人太輕易看穿，結果是讓我變成更封閉、更工具。

另一方面，因為「攻擊是最好的防禦」，我們每次的運動過程就是一個不斷攻擊的過程，

3 這是我上大學的第二個綽號。第一天進學校到宿舍見到室友，我就馬上有了第一個綽號「胖胖」，因為大家不熟，還會互相裝一下可愛。但還不到一個星期，因為同學間開始熟識了，我的綽號就變成了「死胖子」、「大ㄎㄡ」。「綽號」，這個在日常生活的語言互動中最能展現文化意義作用在個人身上的符碼，在我外顯的身體形象中總是很快會找到應該「應驗」在我身上的組合，不管我同不同意。

不到敵人倒下不罷休。我被訓練成一隻隨時要準備好攻擊的刺蝟，什麼時候看到敵人，就要能立即地攻擊。學校的行政首長通常是會被我們當成抗爭的假想敵，特別是當時主管學生事務的訓導長及校長。在一次次的抗爭中，我成了訓導長口中那個「很兇的胖子」[4]。

自我調侃／揶揄來顯示超越

在參與運動時，能夠講出分析性的語言，能夠顯示出自己對某些事情已經有了超越的理解，基本上變成一種能力的展示。所以面對我是一個胖子這件事，我選擇了在適當的場合用自我調侃、自我揶揄的方式來應付。這狀況的事實是，反而讓我更忽略自己的真實感受，反而讓自己貼了更多面具。

在不同的場合中，每當有人企圖要用胖子這件事來開我玩笑，我總是搶在之前就先講幾個發生在我身上好笑的事情。這樣做的效果是，讓別人反而開不成玩笑，同時也向別人宣告：「不要企圖用『胖』這件事情來打擊我，因為我都已經可以自己開自己玩笑，顯示出我都已經可以超越這個障礙，就算妳／你打算用這個攻擊我，也只會被我當成另一個笑話。」

如果把「胖」這事比喻成「見山」，那很可惜的是，這不過在「見山不是山」的階段。因為我看到這座山上雜蔓叢生，坑陷處處，但又要讓別人以為我有「見山又是山」的輕鬆。其實傷口是在的，只是當別人要在我的傷口上灑鹽時，我還要自己表演這個灑鹽的動作，來宣稱自己的傷口已經癒合。這樣的經驗讓我更加隱藏自己真實的感受，只為了那個自以為的虛幻形象。

我要減肥來交女朋友

我記得那時每週日《自立晚報》都有星座版，會有每個星座下週的愛情運勢分析。因為當

4 當時我們與訓導長的關係很微妙。一方面在抗爭的場合中，我們是立場截然不同的兩造，所以關係是對立的。但另一方面，訓導長又常覺得我們這些是不懂事的小孩子，所以私底下遇到時，他很喜歡用「長輩」的角色來跟我們建立友好但「勸說向善」的互動關係。有一次我在校園路上碰見他，不知道為什麼就聊到當時原住民的「正名運動」，他一直說名稱不重要，當然這樣的講法受到我的反駁。因為他的名字裡有一個「豪」字，我就跟他說，如果你覺得名稱不重要，那我就不稱呼你訓導長，以後就稱呼你「豪哥」。只見他楞了一下，瞪了我一眼，沒說什麼就走了。後來在路上碰到，我也都稱呼他為「豪哥」，他總是一臉奇怪的表情，但大概也不知道要如何反駁我。後來我是從訓導處其他的行政人員口中才知道，他私底下都稱我是「那個很兇的胖子」。

時非常渴望愛情，為了交女朋友，我決定要開始減肥。這是第一次的減肥，我用的方法是每天只吃一餐，這樣減肥又省錢。仗著年輕，撐了幾天後，終於受不了去大吃一頓。所以就有了第一次的減肥經驗，以及第一次的減肥失敗經驗。後來的第二次、失敗、第三次、失敗……陸續地發生，反而讓「減肥」成了一件廉價宣稱的事。但確定的是，我是將交不到女朋友的責任歸咎到我的「胖」上。

在中央大學就讀期間，我的體重一直維持在一〇五公斤到一一〇公斤之間。因為減肥的經驗，讓我對體重的變化更加錙銖必較。

5 體力勞工——不夠靈活的胖子

離開了中央，因為沒能拿到學位，在找工作時碰了很多釘子。在勞動力市場上我變成了一個沒有專業技術的工人，所以我只能找那些不需要技術的體力工作，但這又考驗了我作為一個「胖子工人」的難處。

「小蔡，我來」

我離開學校的第一個工作，是擔任一間生產沐浴乳工廠的行銷企畫，但一個星期就離職了，因為很難跟老闆溝通。

接下來我找到一份「理貨人員」的工作，主要的工作內容是操作自動倉儲的電腦，將貨品從每一個貨架中找出來，接著再讓其餘不是這次出貨的貨品隨著貨架再歸位。這個工作電腦操作的時間不會超過十分鐘，主要的工作反而是搬動貨物（這些貨物是南亞公司的塑膠門窗，有一定的重量），而搬動後運輸的工具則是堆高機。跟我一起搭檔的同事叫阿華，他負責開堆高機，我則負責電腦操作、點貨及搬貨。或許是因為我大學肄業的學歷，在這群從沒唸過書到國中學歷的工人中顯得相當特殊，所以大家都非常客氣，阿華每次都要從堆高機下來幫忙搬貨，「小蔡，我來」，他說，他要我負責點貨就好。一直到後來我堅持自己搬，他才不再下車。

同事間也會互相吆喝下班後的休閒娛樂，我僅只有一次到同事家裡去看他們賭博，至於其他抽煙、喝酒、喝阿比[5]、嚼檳榔、上酒家、上賭場，我則都沒有參與。主要原因是媽媽當時中風，所以每天下班後我都盡快回家，且要盡量節省支出。不過同事之間熟了之後，雖然他們知道家裡的狀況，也不會堅持一定要我出去，但有一次有一個同事就問我，那些他們每天要做的事情我都不會，那我活著要幹嗎？我倒是好好地想了這個大哉問。後來我問了阿華，為什麼每次都要下來搬貨，而不讓我搬就好，是因為覺得大學生搬貨不好嗎？阿華說，其實不是，是因為他覺得我很胖，動作不夠靈活，這樣會影響到下班時間（我們是責任制，工作做完就可以下班），他寧願自己來搬。原來是我的誤解，「小蔡，我來」的意思原來是「胖子，不要影響工作的進度，我來比較快」。

偶爾客串捆工則又是另一個例證。有時候會有那種在排定的班次之外的緊急出車要求，通常疊貨工人都不願多做，後來都會變成我們理貨這一組來支援。這時候我通常都只會被分派到從下方遞貨，還有最後幫忙將繩子揣緊的角色，是沒辦法到拖板車上當疊貨的人，因為那需要靈活的身手。對我來說，作為一個不夠靈活的胖子是不夠格當一個體力工人的。

忽然瘦了十公斤

不過那時我倒是經歷了一次不需要減肥但體重下降的經驗，因為媽媽突然中風了。

當天早上媽媽起床時，忽然大叫了一聲，因為她的左半邊突然麻痺了，我們趕緊送媽媽到醫院急診。原本到醫院時麻痺的現象又突然消失了，不過醫生說接下來的兩年都是危險期，要預防中風再次發生，所以還是住院檢查及接受預防性治療。當天我請假在醫院陪著媽媽。到了下午，媽媽換成右半邊感覺麻痺，然後就進了加護病房。我一直都還覺得應該還是會好的，但已變成永久性的傷害了。

因為擔心，當天我吃不下東西，也睡不著。隔天上班時，同事都覺得我怎麼在一天之內變瘦了。那一陣子就在上班與醫院間奔波，心裡的擔心也很多，所以沒有特別減肥就瘦了十

---

5 維士比加黑松沙士。這是體力工人的「興奮劑」，因為當時除了我們一群理貨人員之外，還有另一群疊貨工人。就是我們將貨品理出來之後，交給疊貨人員依照排車順序疊到拖板車上，這是完全靠體力的工作。一整天的體力勞動中，只要有人覺得體力不支，就會去買維士比加上黑松沙士來喝，喝完之後整個人就變得像是吃了興奮劑一樣動作快速，力氣也變大。

幾公斤。雖然變瘦了，但心裡一點都沒有喜悅的感覺。

秤重比賽

後來我換了工作，到另一家工廠去當品管人員。這是一家生產各種黏著劑的公司，為了包裝，所以有大型的磅秤就放在生產現場。我負責的工作就是檢查生產現場的產品是否符合規格，因此跟生產線的工人很熟。有一次跟一群工人打賭我的體重，他們認為我一定沒有超過一百公斤，我說，我篤定是超過了一百公斤的。然後我直接站上現場的磅秤量體重，當然那一群工人輸了，我則贏了幾罐飲料。這是第一次有人低估了我的體重，感覺還是蠻愉快的。

後來陸續有人要找我玩這個「猜體重」的遊戲，且遊戲還持續變形。例如除了猜體重還猜小數點後的數字、兩個人加起來的體重等。我在想，這樣的樂子好像是只有胖子在時才會特別好玩。這種時候，真正的體重變得不是那麼重要，反而在遊戲間淡化掉「體重」原本會被刻意提醒的意義。

6 東海大學——不想作「胖子」的胖子

考進東海大學念社工系，可說是我人生的一大轉折。我在這裡學會了一件事，就是開始認真面對自己。也因為這樣，我更確認自己並不想當個「胖子」，雖然我真的是個胖子。

「我媽媽知道我不喜歡胖的」

社工系大三時，因為社區課程陶蕃瀛老師要大家去參觀社區博覽會，我們幾個同學約好一起去。當年舉辦的地點在鹿港，班上有一個同學家就在鹿港，所以一群人臨時決定先到她家去拜訪，然後再找她帶我們到社區博覽會的地點去。社工系一直都是女多於男的科系，當天一同前往的同學中只有我一個男的。所以當我們意外地出現在鹿港同學家時，就有另一個同學向鹿港同學提了一個疑問說：「妳媽媽不會以為培元是妳男朋友，我們是來製造煙霧的吧？」鹿港同學回答說：「我媽媽知道我不喜歡胖的。」當場大家哄堂大笑，我只能用白眼來回應這個令人尷尬的狀況。

雖然我一直都知道，因為「胖」，讓我在戀愛市場上常常是個次級品（有一次在跟一個學妹聊天時，不知道講到什麼有關戀愛的話題，她直接說，你脖子以上還可以，脖子以下要切除）。即使在當時我已經有了女朋友，但聽到這樣的話還是難免有些尷尬，有些難過。因為「胖」，我總得承擔那些莫名的負面標籤。我慢慢看見因為「胖」而不斷承受各種「污名」的自己，我不想承擔這些，但我還掙脫不了。

交了女朋友後我才要減肥

有一次在跟中央大學社團朋友聊天時，我說，過去我一直都是為了交女朋友而要減肥，但現在我要等交了女朋友後才要來減肥。結果一個學姊說，那這樣不就成了一個死局，一個循環不出去的結。還好，在念社工系時，終於有一個不怕死的人願意當我的女朋友，就這樣，為了做到我的承諾，我有了一次非常真實的減肥經驗。

東海社工大二升大三的暑假，首先為了找個人一起來減，所以我跟另一個也是看起來胖胖的同學打賭，看誰能在暑假期間減重最多。這個打賭的目的只是為了拖個人一起下水。其次，一方面我回到先前工作的工廠打工，做的是生產現場三班輪班制的包裝工人，一班八個小時幾乎無法休息，體力的勞動強度相當大，那是對體力負荷的一項考驗。因為生理作息在那兩個月幾乎都被打亂，再加上增加了許多體力勞動，體重下降是可預期的。另一方面我刻意少吃，三餐多是吃青菜、水果，熱量攝取減低，這樣一增一減，暑假兩個月裡我瘦了十五公斤。這樣明顯可見的改變，當然讓我贏得了打賭，卻相反地讓幾個同學以為我失戀所以變瘦了。至於變得瘦一點有什麼感覺？除了覺得拍照比較看得見脖子之外，對我的生活好像並沒有什麼顯著的不同，我女朋友也沒有因為我變瘦而比較愛我。

這個減肥經驗對我的意義是，每個人都可能因為各種不同的原因讓自己外顯的樣子變胖或變瘦，但這只是一個人的其中一種樣子，只是一個人活著的狀態，而不是反過來從這個樣子來評價一個人。

非要打敗你

大學時一次上體育課的經驗，則明顯標示出一個老師如何看待胖子，會用什麼樣的行為來回應她／他的看待。

那一次我修的是羽球課。我也不是很會打羽球，只是體育課是必修課程，只好挑自己還算有興趣的項目。一次上課時，老師要我們就球場分成幾小組對打，打輸了就換別人上場，贏的人則繼續讓別人挑戰，看最後每個人贏了幾場。這反正就是一個淘汰賽，但在我們那場裡出現了一個奇特的現象，就是，接二連三贏了的是個胖子，是的，就是我。這讓老師覺得很訝異，她也很好奇地在這一組圍觀。

接下來，她用一種「怎麼可能會這樣」的表情，徵求我的同意，從別組裡調來也比較會打的同學跟我對打。一直調到第三個人，我已體力不支，終於敗下陣來。這時候只見老師出現一種「應該這樣才對」的表情，有點欣慰而確定之後才離開。

一個胖子在不應該是胖子擅長的肢體活動中出風頭，這基本上是一件「不應該」發生的事，所以體育老師會用那種「非要打敗你」的方式來對待我，要讓我回到應該有的位子去。當然這個過程的產出不必然就是對胖子不利（搞不好這因此提供了一個「胖子體育不好」的反證），只是那種一定要讓胖子失敗為止的行為，真實地反映了胖子會被對待的方式。

每個人的狀態都可能改變。就像是念社工系時，有一次在路上巧遇過去中央大學時期認識的中原大學「學運」社團朋友，他看到我的第一句話就是：「你的臉變柔和了。」離開了過去「刺蝟」的狀態，我的身心重組，反映出了我當下的新狀態，沒有了過去那種兇惡的樣子。而我開始慢慢清楚，體重也不過是各種不同狀態描述的指標而已。

7 社工實務工作——不知不覺的胖子

念完了社工系，緊接著投入的社工實務工作，因為自己覺得責任重大，常常每天工作十幾個小時，我只記得工作，只記得組織，忘記了自己。所以我常常忘記自己是個胖子，忘記自己累積了許多情緒，忘記除了工作外的許多事情，可說是一個不知不覺的胖子。

一三〇公斤的顛峰

在即將畢業之前，我開始投履歷找工作，然後陸續接到面試通知，其中一個就是嘉義市的腦性麻痺協會。約的面試地點在嘉義市文化中心，我以為是協會要在那裡辦活動，所以理監事們順便面談，搞不好還要看我會不會帶小孩。後來才知道，約在文化中心的原因是因為連辦公室都沒有。面談時還討論了要到哪裡去借辦公室。

另一個也有去面試的同學說，這樣的工作她才不敢去作。我說，「如果把社會工作者當作資源，那連辦公室都沒有的地方才更應該去。」所以，我就去啦。一個什麼都沒有的組織，意味著所有的東西都要重頭開始。從找辦公室開始，我跟著一群腦性麻痺者的家長一步步地將整個協會的內容充實起來。一開始為了要先知道到底這些家庭是如何生活，所以我想透過安排家訪來認識她們。結果才訪了四戶就先暫停，因為每一戶都有經濟壓力，我就先幫忙找了一些經費補助給這些家庭。於是這個消息傳開來，協會的會員知道協會來了一個社工，可以幫忙做些事情。接下來，我的工作開始變多。

這個協會會員家裡的腦性麻痺者從剛出生到三、四十歲都有，我們的野心很大，計畫逐年地要將這些不同年齡的需要補上來。這意味著我們要從早療開始做起，到就學階段的支援，到職業訓練、庇護工場，還有未來終老的住宿。此外，固定的會務行政、各種會議、訓練、募款及各種檯面下的聯繫運作……，為了完成這些任務，工作很快成了我的生活重心，協會發展得非常快速，不管是工作人員的增聘、經費的累積、工作項目的增長都快速地開展，而這些就是我用每天工作十幾個小時，每週工作七天換來的成果。甚至在某一年的農曆大年初一，我還在家裡忙著寫一份組織發展的詳細計畫，希望過完年可以跟理監事討論確定，以讓協會接下來的工作更有目標。

這樣嚴重的自我剝削，一方面來自我的「責任感」——我覺得完成這些事情是我作為社工的責任，既然是這樣，我當然不敢太過於怠惰與放鬆，「責任感」會推著我走。另一方面，協會組織快速發展，讓我在協會會員間、在區域社團間甚至在區域的社工社群裡得到很大的「成就感」，我被這樣的「成就感」拉著不斷要往前進。在一推一拉之間，這樣的自我剝削得到了合理的安頓，但卻也讓我在私領域裡的生活出現了被忽視的後果。

有一次照例又是晚上九點多回到家，媽媽忽然對我說：「你不是說要回嘉義來陪我，結果你每天都八、九點才回家，這樣哪有陪我？」我一時語塞，不知如何回答。媽媽提醒我的是，我的生活只剩下工作，其他的部分我都忽略了。

後來我用的方式是找媽媽來當協會的志工，這樣媽媽會更清楚我每天到底在忙什麼；還找媽媽參加協會的活動，讓媽媽認識協會其他的成員；另外，我還找了協會的理監事有空時就到我家去坐坐，讓媽媽更知道別人怎麼看我的工作。雖然後來媽媽與我的對話內容多了很多關於協會的事情，少了關於我不在家的抱怨，我卻總是掛意在心，那種因為工作而忽略了家裡的歉意是我一直掛意著的。

而另一個反映在我的身上的則是我的體重到達目前為止最高的一百三十公斤。因為每天工作回家的時間大概都是晚上八、九點之後，那時候才吃晚餐，吃完沒多久就因為累了要睡覺。也就是說，我幾乎每天晚上都是吃飽了就睡，這樣的生活形態讓我的體重快速增加。

直到有一天有個一陣子沒見面的朋友忽然告訴我：「怎麼還沒多久你就胖這麼多？」我才發現，從開始工作不到兩年間我胖了二十幾公斤。因為我的重心一直擺在我的工作上，忽略了還有很多生活中其他重要的事，所以許多事情都在不知不覺中發生。但我就像是一個感覺遲鈍的人，忘了這些每天發生在我身上的事情。

各種疾病的出現

跟著在忙碌的工作步調中一起發生的事情是，累積在我身上的一些疾病接二連三出現。

在我工作大約一年後，有一次小感冒卻讓我前後躺了一個月。這次生病的後果是喉嚨再也發不出高音，還檢查出了高血壓。過了半年又檢查出糖尿病。這樣的不知不覺，都一再地反映出，原來我最忽略的，是我自己。

8 再回東海大學——尋找自己的胖子

當我終於覺得很累了，我離開了協會的工作，再次回到東海大學社工系，不過這次是當助教。我的人生步調慢了下來，開始有時間想到自己。想到過去的那些經驗，想到那些個不同時候受傷的自己，想到自己的胖，想到自己的情緒，想到那個沒被照顧到的自己。我知道現在最重要的任務是，重新理解自己，重新找到讓自己自在活著的樣態。

理解的眼光

在我剛到東海當助教時，我的女朋友淑英也剛念彰師大的復健諮商所。當時她修了一門課叫「應用行為分析」（Applied Behavior Analysis，簡稱ＡＢＡ），主要用在觀察個人行為，從既有的行為慣性中，找到行為改變的可能，改變一些「問題行為」。這門課有一個作業，要她們觀察身邊周遭一位親友的行為，然後用ＡＢＡ的方法設定一個要改變的行為，透過行為改變的方法，看這個被設定的行為改變目標是否可以達成。淑英興沖沖地問我說，她可不可以觀察我吃東西的行為，因為她覺得我吃東西的方式導致我的胖，所以她想透過ＡＢＡ的方式，跟我討論我的「吃」的行為，從而改變我吃的行為。當時我拒絕了。

後來有一次我們在外面吃飯時，因為那一天我肚子很餓，所以吃了比較多。淑英有點責怪地說：「不可以吃那麼多。」本來我都只是賴皮地繼續吃，結果她又再提了一次要觀察我吃的行為。這讓我很生氣，我覺得除了那種被觀察的不愉快之外，我吃東西變成一種要被改變的行為，這更讓我生氣——因為我的「吃」變成問題行為，我的胖變成一種要被改變的問題。

因為這件事，那一頓飯我們倆都吃得悶悶不樂，回家之後還吵了一架，雙方都覺得很委屈。後來，我們透過郵件寫下彼此的想法。我把那種不願意被觀察、把我的胖當作一個問題的心情告訴她。淑英說，她並不是介意我胖，否則當初就不可能當我的女朋友。她在意的是我的身體是不是健康，我能不能健康地活著。她要我不吃那麼多是為了控制我的血糖，並不是因為胖。為什麼只要講到關於吃東西的事情，我就很快地歸因到是因為「胖」？

為什麼我對「胖」的 defense 這麼強？心裡有鬼的是我還是別人？

這次的爭吵提醒了我，當聽到有人告訴我關於「胖」這件事時，我是用什麼樣的態度來面對這些人？用什麼樣的觀點來理解這些人告訴我的事？我又是用什麼樣的眼光來理解胖子？用什麼樣的眼光理解我自己？

我一個很要好的國中同學（我們是結拜兄弟），從以前就常常念我，要我注意自己的身體，要減肥。要說他是因為看不起胖子也說不過去，因為我們認識二十幾年，到現在都是好朋友。我一個很要好的大學朋友（我們是結拜姊妹），想到時就會提醒我：要不要考慮減肥？當然要說她看不起胖子也實在說不過去，不然交情不會那麼深。好吧，至少在我的周遭就有這些並不必然對胖子不友善的例子，但我卻總是很快地把這些說法打成一類，其實我也是那個粗暴的紅衛兵？

重新找到自己理解「胖子」的眼光，意味著我必須更深地理解自己的價值與態度。也就是我必須更深地理解自己。而這也就讓我開始了一段透過理解自己的胖來理解自己的過程。

9 完成論文後——不再是「胖子」的胖子

三十歲的那一年（二〇〇二），在我還在擔任協會社工時，我帶著既有的疑問所形成的研究計畫考進陽明大學衛生福利研究所。當時我想研究的是「弱勢」論述的文化意義。原本也想就順利地把論文寫完，只是在唸碩士班的這六年，恰恰碰到自我重新生成與轉變。這個轉變同時也反映在我的論文題目的變化，一路從研究「弱勢」、社會工作與國家、地方政治、基進社工到後來發現原來我真正想要寫的，是我自己。所以，我決定用論文的書寫來面對自己、整理自己的經驗。

論文是我的人生探索，它是個逗點，不是句點。

完成論文後，我傳給一些朋友看，希望她／他們看完後給我些回應。當故事成為文本，我們就能夠有更多對話的可能與機會。

原來你的心情是這樣

有一個朋友在論文裡出現了兩次（會出現當然是因為這個交情是重要的），她出場都是在一種我認為誤解／負面化胖子的場合。這個朋友看完後說，她從來不知道原來我的心情是這樣，她也看到從我的論文中反映出的她自己。透過文本的對話，我們有機會能夠更認識彼此。「胖子」原來是幫助我們互相看見的機會。

另一個朋友說，她看著我的故事但想的都是自己。她想的是自己從小到大因為一頭亂髮被取笑、被取綽號、被欺負的經驗。她說，因為她有同樣的受苦經驗，或是說她的受苦經驗就在閱讀過程中被勾出來，她也不想人生被這樣的經驗「綁架」，所以她也要試著書寫。

還有一個男同志朋友，他認真地把整本論文印出來，寫了許多眉批要送給我。他說，他讀著讀著就把作為一個男同志怕胖、曾經怕被認出是男同志、擔心被評斷身體的那個自己替換進我的故事中。我從他的回饋中知道屬於一個掙扎的男同志的成長，「原來你的心情是這樣」，我也這樣告訴他。「故事」勾進了許多的情緒，也讓我得以聽見更多人的心情。「胖子」不再是胖子，原來可以是「我們」得以共在的機緣。

肉身化的實踐

畢業後的這些年，有愈來愈多的媒介在談論胖子的經驗，讓胖子得以現身，不論是電影、紀錄片，甚至是學生社團的講座，都開始正視「胖子」的多元論述。即使我們仍身處於強調苗條、健美的主流論述，但有更多差異的身體經驗被述說，也正意味著鬆動縫隙的可能。

而我也更清楚，原來社會工作在面對的，就是各種差異的身體／經驗。也就是，身體經驗是我們得以辨明差異的由來。許多建制與意識型態就綁在身體裡，透過身體經驗的對話讓我們得以知道這些作用。於是，一種「肉身化」的理解，以及企望生成新的身體經驗實踐，是社會工作面對生成美好社會想望的新路徑。

第二章

/

國中畢業紀念冊作為一個文本

從別人的眼光中看見的，是自己

從別人的眼光來看自己，不但幫助自己更理解所面對的外在氛圍，更可以幫助自己面向內而看到自己。我很珍惜在二十年前就擁有了這樣一份重要的、從其他人眼光來看自己的文本——國中畢業紀念冊，想到時就會拿起來重新翻過一遍，那時候的自己又會重新跳出來，活靈活現地在我面前。

國小時流行寫小卡片，大概都是一些從別的地方抄來的佳言美句，不過很多在國小時根本就不太懂得意思。國中時流行買漂亮的本子讓同學拿回家寫那種一整篇文章的。在國中應付聯考最後的苦悶日子裡，等著看同學寫的內容成了那時重要的盼望之一。有一些同學的真心話，在國中三年裡終於有機會可以寫出來。而現在我重新讀了這些二十多年前的看待，有了不同的解讀，也讓我更理解我有許多的個性是在那時透過與同學往來中養成的。畢業紀念冊其實就是一本別人寫我、說我的故事書。

1 國中導師的諄諄教誨

我一直覺得國中導師是懂我的。被人理解，對那時的我是非常重要的。

心目中的女神

國中時我帶著爸爸的殷殷期待，進了一間以升學率著稱的私立中學。在經過暑期輔導重新編班後，我被編進了「孝」班。班導師教的是國文，是一個才剛從大學畢業的女老師，年齡才差十歲，跟我們還蠻親近的。導師的身材非常棒，人又長得漂亮，被正值青春期的我們私底下取了個綽號叫「大奶」。下課時大家最喜歡討論「導仔」今天的穿著，有沒有哪裡曝光，大家互通情報。對當時這些小男生來說，「導仔」簡直就是心目中的性感女神。

我們班是公認為同一屆最混、最吵的一班，但我們與「導仔」的感情一直都不錯，從國一開始，每年「導仔」都會帶全班出去旅遊。我記得「導仔」第一次帶我們到墾丁去的情景，那時還沒有什麼墾丁大街、水上摩托車、震耳欲聾的音樂，只有藍天、白雲、沙灘、海浪，我們玩到全身濕淋淋。那是我第一次去墾丁，帶著美麗的回憶回來。第一次到台中科博館看到理化課本上講的東西的展示，讓我興奮莫名。第一次到谷關看中橫公路附近壯麗的景色，還有其他一起在台灣各地遊玩的足跡。我第一次吃牛排的經驗，也是因為導仔說旅費還有剩下一些錢，那她自己貼一點、找一家牛排館，教我們怎麼吃牛排。這些歡樂的記憶都是導仔帶給我們的。導仔也將我身上愛旅行、愛到處走走的神經給勾了出來。

記得那時男同學間會講很多色情內容的對話，還有會互相把黃色漫畫、圖片、A片等等帶到學校來「交流」，另外同學間還會玩互相撫摸性器官的遊戲。這個風氣在班上很盛，連導仔也都察覺到了。有一次她就在班上公開說，「你們這些男生私底下在傳的那些東西都是小意思，如果要增加性能力就要記得多吃海鮮。」當時我們聽完都嚇一跳，一方面好像是做錯事情被抓包，另一方面是她公開講得太勁爆。後來想一想，她大概是想要用這種方式嚇我們以減低這種風氣吧。

從「頭」開始

國中時掙脫了國小時的恐怯，所以我變得非常愛玩，原本國小時優秀的成績，進了國中開始「向下沉淪」。國一時大概都是全班一、二十名之間，導仔不止一次跟我說我應該還要考得更好。國二上學期時住進學校宿舍，沒有家裡的大人管教，學校舍監又是我同學的爺爺，根本就管不了我們，所以我更是愈玩愈瘋，功課一落千丈。每天晚上雖然有被規定晚自習的時間，但我們還是在玩。

大概是爸爸也覺得這樣不行，國二上學期末前，家裡搬到學校附近，我也提早結束了宿舍生涯。那時候不知道哪裡來的勇氣，我對之前「墮落」的生活突然覺得要改變。既然搬家了，所以我要從頭開始。好吧，既然要從頭開始，那我決定去理個光頭。當時還有髮禁，所以男生本來就要理小平頭。理髮師聽到我要理光頭反而不敢下手，她一再確認：「你真的要理光頭？」還給了我十分鐘考慮。她應該是覺得大家都想盡辦法要讓頭髮留長，怎麼會有人要求要理光頭？

理完頭回家後，媽媽看了之後嚇一跳，但愈來愈覺得好笑，也搞不清楚我幹嘛去理光頭。爸爸下班回來到我的模樣，就說：「你想要從『頭』開始了。」是的，爸爸是瞭解我的。第二天上學，同學看到笑翻天，大家輪流要來摸我的光頭。「導仔」進教室時看到我的光頭，起先也楞了一下，但接著也說：「你打算要從『頭』開始了。」是的，我知道導仔是懂我的。不過後來這個決心沒有維持太久，我還是又開始玩。

用心良苦

國三時，因為我回家都在看電視，爸爸一氣之下把電視收起來，要我好好唸書。我的條件是，那我不要去補習，我可以自己念。所以我就這樣過了一年沒有看電視、沒有補習的日子。每天回家後打開收音機聽音樂節目，然後一面唸書，就這樣我的成績火速地往上爬，也讓導仔嚇一跳。

而為了讓班上能夠增加考上嘉中、嘉女的人數（後來才知道這牽涉到導仔的業績，是會影響她能不能繼續留在這間學校的因素），在最後一個學期，導仔將全班分成三區。她把有機會考上嘉中、成績好的男同學都調到前面的座位，然後中間隔著班上十八個女同學，後面則是她認為考不上的男同學。她希望用這個方法刺激所有的同學，如果成績好就往前坐，如果成績掉下來就會被往後調。所以我們幾個雖然人高馬大，但竟然被安排在第一排的位子，形成了教室裡很不協調的畫面。其他科目的老師也知道導仔的用意，所以也很配合。雖然當時很反彈，但後來考完聯考之後比較能懂得導仔的用心良苦。

導仔的教誨

在我的畢業紀念冊中，導仔是這樣寫的：

培元：

身軀龐大的人都有一副蠢相，你卻是個聰明的胖子。

手抓著議長獎[1]來到嘉華[2]，成績像墜樓般滑下，你竟然起死回生。

在離開嘉華時，調皮搗蛋、嘻皮笑臉、無所不為，你還懂得適可而止地收斂。

我最掛意的是——

太多的分心與不在意，你達不到你應有的成就。

因為消逝的，絕不再重來。

陳香梅[3]

七十六年六月十七日(B10)[4]

---

1 我國小畢業的時候是全班第二名，拿的是議長獎。第一名是市長獎。

2 我念的學校全名是「私立嘉華中學」。

3 這是國中導師的姓名。

國中三年，導仔不止一次告訴我要減肥，否則會有什麼樣的後果等等，「身軀龐大」的形容對比於其他同學的確不為過。而且也不止一次告訴我，我這麼聰明，我的成績表現不應該只有這樣。

導仔一直覺得我很聰明，原因應該還包括我會捉弄她。例如，在路上碰到時，我會假裝舉起手要敬禮，然後等到她先回禮後，我就把手放到頭上假裝抓癢，變成不是要跟她敬禮，反而是她先跟我敬禮。每次都搞得她又好氣又好笑。上課時我在跟同學講話，結果發現她在看，接著應該會要點我的名，這時我會趕快舉手馬上問問題，解除危機。幾次之後被她識破，她在課堂上罵我：「既然這麼聰明，那就把這個聰明留在功課上。」導仔在這裡的形容是每個胖子都會遇到的，因為身軀龐大而被形容成恐龍、大象、豬等之類的動物，這個比喻除了行動緩慢外，還包括腦袋慢半拍，所以才是「蠢相」。這種因為外型而被論斷的自我，是我一直要擺脫的。

對國中老師及同學來說，我的成績的確可以用「起死回生」來形容。因為過去曾經掉到谷底，常常落在班上四十幾名。但上了國三我火速地將成績趕上，甚至有一些科目例如數學、自然，跟同學比起來差距還不少。有一個女同學一次幫忙改自然考卷，她說她改的三張考卷中另外兩張的分數加起來還沒有我多。導師對我當時的成績算是滿意，但她總是覺得我應該還要更好。

現在重讀導仔寫的東西，讓我覺得最「感心」的是，導仔懂我的個性。她知道我總是很容易分心，對許多事不太在意。有時候這是我逃遁的方法，特別是感覺自己受傷時。有時候這是我的處事態度，總覺得不太需要計較這麼多，活得快樂才是重要。只是導仔希望每個人都可以有好的表現，希望我們未來有成就，所以她很希望每個人都應該要盡力表現，她曾經對我說：「不要覺得你現在成績不錯這樣就好了，還要再爭取更好的。」她總是擔心我們達不到可以有的表現。

「消逝的，絕不再重來。」這樣一句話現在重讀更讓我感觸良多。國中生那樣的小毛頭，時間被聯考卡死，連玩的時間都不夠，怎麼會去注意要把握當下。只是經過了這些年的歷練，更讓我覺得把握當下，而不要讓那個惋惜消逝過去的情形發生，才是現在我的人生要

4 我的紀念冊總共有兩本，所以我將之編為A、B兩冊，並依書寫的順序將每一篇編號，之後引用紀念冊的內容時，將會註明冊別與編號。

面對的。

對於導仔，現在我是充滿感激的，感謝她在那樣的年代裡與這一群小毛頭共同度過的歲月。

2 找不到愛情的胖子

尋找愛情這件事對我來說是從很小的時候就開始的。並不是因為這是一個人生任務，也不是因為要跟同儕比較，而是我總是會在不同的情境下喜歡上不同的人，而喜歡一個人就會很久，有點鑽牛角尖。可是因為「胖」，我總是在不同的時候失敗。這樣的歸因並不只是我的以為，是透過其他人的訊息來強化這一個讓我沒有自信的以為。

國中時，我非常喜歡班上的一位女同學，這件事情到後來全班都知道，而且有幾個女同學也號稱都有在幫我的忙。但因為在國中的三年裡，這件事從來沒有成功過，所以在愛情上我是非常鬱卒的。對於這件事情的失敗，大部分的人都歸因於我的胖（包括我自己）。

當事人怎麼說

什麼時候開始喜歡上她已經不可考，我一直覺得她是一個身材高䠷、長相美麗的女孩，而且還有聰明的腦袋（雖然有同學跟我說她是個平凡的人，只是因為被我喜歡上，結果一個不起眼的人被我「發揚光大」變成班上的風雲人物）。她最拿手的科目是國文，跟當時喜歡念各種詩詞的我是很相合的。我記得國二上學期住宿舍，每次放學後因為她住的地方遠，需要等第二班校車，因此還會留在教室四十分鐘，我總是回宿舍放好東西後，再拉著另一個也是住宿舍的同學晃到教室去，只是為了要看她。結果到了國二下，她反而跟那個一起住宿舍的同學談起一段短暫的戀愛，直是讓我錯愕。

雖然如此，我卻不死心，我竭盡所能地要付出。在我的主導下，班上幫她過了個盛大的生日會；偷偷寫紙條塞在她的課本裡；家門前有一棵玉蘭花，花開時，我每天摘幾朵下來放在她的抽屜裡；有時候念了什麼詩詞讓我感動，我就會抄下來送給她。雖然我覺得我很努力，卻沒辦法感動她。好吧，隨著畢業的日子到來，這也只能就隨之而結束。

她在我的畢業紀念冊上這樣寫著：

> 三年的收穫，不少吧！一直是心寬體胖的你，不知還有沒有我們這三年友誼的存放之處。孔子說過：君子不重則不威，對你的身材，我認為並沒有什麼不好，反而讓人覺得更穩重呢！給人感覺起來，你似乎有那種童稚之氣，但一些瞭解之後，卻又覺得有種成長的心理，很靜的樣子。三年了，沒能摸透你的心思，不過還是瞭解了一些，還是值得慶幸的。有你這個朋友，真是不錯。
>
> 在我的感覺裡，你總是給人一種很不可親近的樣子，尤其你的眼神，似乎帶著那種威嚴，可遠觀而不可……(B7)

從她的書寫裡，可以看到她一直要避免我的誤解，所以要一直不斷地強調「友誼」、「朋友」，著實讓我難過了一下。雖然她宣稱並沒有嫌棄我的身材，還認為這樣更穩重。可是如果真是這樣的話，幹嘛還要特別寫到身材呢？幹嘛要一開始就強調這個東西？分明是有鬼。當時我就覺得她言不由衷，現在看來也是這樣。而且有趣的是，我雖然很喜歡她，可是或許因為這一層尷尬的關係，這三年裡反而沒有跟她有什麼深入的交談。也或許是因為這個原因，她才會覺得我看起來不可親近。天知道，我是以個性好著稱的，沒有太多的個性線條，所以很好相處。可是這是她的感覺，或許也因為這樣我們才沒有更多的接觸。

末了她還貼了一張小卡片，裡面是一張像是言情小說封面那種漂亮女孩的圖畫，卡片上的文字是這樣：「濃情。無限相思一個字，願把我心投入你心。」天啊，這是一種暗示嗎？剛看到時我是一陣興奮，不過當然不是，她在這張小卡片的周邊貼了「STOP」的貼紙，旁邊還寫著：「不要想歪了，像這種女孩你ㄆㄚ起來一定不錯！」在愛情的領域裡，我總是像個沒有自我的小孩，很容易被不同的線索把玩。這反映出了我對自己沒有自信。

這個對愛情的追求，是我國中生活每天很重要的部分，因為每天上學期待看到她的心情是讓我很愉悅的。

女同學的看法

有幾個女同學在畢業紀念冊裡寫下她們對我追這個女同學失敗的看法，她們的說法一致都認為就是因為胖。

……聽說你追苦瓜[5]沒成功，告訴你，想成功的話，等你減肥成功再說。(That's impossible!) (A2)

這個同學是苦瓜的好朋友，聽說她並不喜歡我，因為她覺得班上一些女孩子的綽號都是我取的。但這對我來說還真是樹大招風，莫名所以。因為當時班上男生會幫女孩子取一些難聽的綽號，例如有個漂亮的女同學，因為在學校外面被搭訕，然後跟外校男同學一起去玩，結果被班上同學看到，她就被取綽號為「妓女」。這當然很難聽。我跟這個女同學很有話聊，我還暱稱她為「姑媽」，算是私交不錯的，所以這根本不是我取的綽號。只是我太會搗亂，總是會有人以為班上的壞事都是我幹的。

我相信她說的沒成功的理由對苦瓜來說才是真正的理由，所以要等到我減肥成功才有條件追苦瓜。因為我總覺得女孩子間一定會去討論這些事情，關於我的胖一定也曾經被討論過。而苦瓜的言不由衷難道是因為不要直接傷害我？

……追女孩子你好像不很行（胖！），追不到哩！加油啦！每天跑操場十圈，十年後大概就追得到啦！（其實太誇張了，以你這種人，怎麼可能會……追得到。） (A4)

這是苦瓜另一個好朋友，我曾經透過她才拿到苦瓜的個人生活照。她從之前知道我要追苦瓜就暗示過我苦瓜不會喜歡胖的，可是我一直不死心，因為喜歡就喜歡了呀。她在幫我拿到苦瓜的生活照時，也還語重心長地要我減肥。不過這個同學應該對我的胖有很多的意見，在寫畢業紀念冊時從稱呼我為「蔡胖先生」，通篇每一段都有「胖」、「脂肪」等字眼，甚至最後還要消遣我說：「多想想可愛的初三孝，那可以減肥的。」我覺得從苦瓜這兩個好朋友的反應來看，我相信苦瓜對於我的胖一定是有意見的，至少苦瓜周遭的朋友都是這樣的歸因。

……勸你一句：少吃一點，少睡一點，多哭一點，多動一點，不要把開玩笑當作一種消遣，就能追到你的夢中情人。（B8）

這是一個跟苦瓜不熟的女同學，不過因為我追苦瓜的事眾所皆知，所以她的評論就是「減

---

5 苦瓜是我喜歡的那個女孩子的綽號。

肥」。雖然是用那種少吃一點、多動一點的寫法，可是這不就是要減肥的變形？不就是暗示我要減肥？

以前我和苦瓜很好，當然現在也是。你要追她時，我常提供一些意見和情報給你，可是到現在你們似乎一點進展都沒有，這只能怪你追得不夠勤，不能怪我。所以算起來我還是大功臣呢！怎麼感謝我？(A1)

這個應該算是苦瓜最好的朋友，我跟她的私交也算不錯，很有話聊。她的確常常告訴我一些苦瓜的私事，苦瓜抱怨、喜歡的東西，提供給我即時的情報。雖然我覺得我已經做了很多事情，但在她的眼中我還不夠「勤」，不夠積極，所以沒什麼進展。這個看法倒是迥異於前面女同學的肥胖觀點，反而是與導仔形容我的個性有關。「太多的分心與不在意」，用在追求愛情這件事上，好像也能反映出一部分的我。

男同學怎麼看

性別之間對於「胖」有沒有不同的看法？我想從男同學對我追苦瓜失敗的反應來看看。

……在「當兵守則」中有一條規則就是：凡超過八十五公斤者不准當兵（且要未婚的純潔的young man）。所以你不能當兵，一旦你當不了兵，你就可能會沒有女朋友（∵人家一定認為你的身材有什麼問題∴才當不了兵）。所以小弟我奉勸「大」哥你↓去減肥吧！（死胖子）（A13）

這是我國中時的好朋友，算是交情深的那一種。國一時他坐在我前面，下課就是聊天，所以很多話題都聊得開。在我剛開始喜歡苦瓜時，他就說他覺得我不可能成功，因為我這麼胖。我想是因為好朋友的緣故，他講得很直接。我跟他說，我一定可以感動苦瓜的。畢業前，有一次又聊到這個話題，他說他覺得我沒什麼好難過的，因為國中這幾年我都在發胖，沒有努力減肥，所以本來就不可能追到苦瓜。既然我沒有努力，那根本沒什麼好難過的。我反駁說，「我有努力追苦瓜啊？」但他說：「我說的是努力減肥！」

他覺得他一直有在努力告訴我要減肥這件事，只是我一直都不做。而他在畢業紀念冊上寫的關於胖子身體有問題的想像，透過「當兵」這個意象的操作，某個程度上說明了當時我們這些小男生對於「胖子」的身材與性能力的連結，這樣的連結讓我從那個懵懂的年代就有著一定程度被觀看／自我觀看的焦慮。

……至於追女孩，你可真要追，追，追，是該減肥了，這樣身材苗條才跑得快（追得到），這點是最重要的，你一定的切記，且 That girl 可是各運動的材料，女運動健將，你應多多訓練自己。（A20）

這也是其中一個好朋友，我們的交情是來自於我住宿舍的那段時間。他媽媽在學校餐廳裡負責煮飯，而他們一家三口就住在學校餐廳旁邊的房間，那個房間是一個大通鋪，就在我們宿舍的對面。他們一家三口是我同學、他弟還有他媽媽。一開始我覺得很納悶，為什麼他們要住在餐廳裡。後來才知道原來他爸爸已經過世，他媽媽帶著兩個孩子謀生。找到這個工作但是沒地方住，學校就給她們一個房間，等於是以校為家了。而因為他家就只有一間大通鋪，根本沒地方唸書，所以他只好跟著住宿生一起去教室晚自習。聽完他的遭遇，我不禁產生一股同情，總覺得他很可憐但很努力，所以會對他特別照顧，結果交情就愈來愈好。

他的描述裡一樣是認為就是得要減肥才能夠成功。他還用了具象的「跑得快」來比喻。因為苦瓜的體能與運動項目相當不錯，為了要「門當戶對」當然要找一個也是肢體運動可以搭配的。除此之外，胖子就是跑不快，用這樣的跑不快來比喻沒減肥就會追不到，實在是很妙的比喻。他也是將我失敗的原因歸到我的胖上。

……你的體重那可是沒話說，不過像你如此喜好追 girl 的人應減胖才對，不然人家一看見你就嚇跑了。（A23）

這是跟我不太對盤的同學寫的。我後來才知道原來當時不對盤的原因來自於我的嫉妒。因為他也是坐第二班校車，所以跟苦瓜一樣會在教室等車。在我住宿舍的那一段時間裡，我總是在放學後還會再晃到教室去看苦瓜，之前提過因為我跟苦瓜間有著一點尷尬，所以我們沒有談過什麼話。但是我卻看到苦瓜跟這個同學有說有笑，讓我妒火中燒。我對這個同學愈來愈不爽，本想保持表面的和諧，但我卻跟他愈來愈不對盤。

他其實知道我喜歡苦瓜，後來從他們那一群裡得到的消息是，原來他也喜歡苦瓜。不過他好像也不敢有什麼行動，因為知道還有我在旁邊。不過他比我占有優勢，因為苦瓜還蠻常跟他聊天的。只是「嚇跑」這個形容真是強烈，好像胖是一件多麼恐怖而可怕的事。我在想，他用這樣的形容，到底是要讓我對自己的胖感到非常羞恥（因為那可是會嚇跑人的），還是要對我示威說，因為我胖他瘦，我會嚇跑人，而他會吸引人。

……**追女朋友前先減肥，不然你寶貝霹靂車也承受不了。**（B18）

這是在國二後變得很熟的同學。寶貝霹靂車指的是我的腳踏車，那時候電視影集《霹靂遊俠》（Knight Rider）正紅，所以我都稱我的腳踏車為霹靂車。幾個同學都說我的車的確是霹靂車，因為它不但能撐住我的重量還能騎這麼久。這個同學一直都覺得我追苦瓜沒成功是因為還有一個情敵，而那個情敵的條件比我好，成績好而且不像我這麼胖。當然那個情敵基本上也是我們的好朋友，而且根本也不是什麼情敵，因為他根本對苦瓜沒意思。只是他將我們兩個用來比較，光是因為「胖」我就被比下去了。

綜觀同學們的說法，不管是女或男，都預設著胖子在愛情市場上是沒什麼地位的。從這樣的現實出發交織在我身上對於胖子被對待的方式以及看待胖的眼光，就一路開始累積在我身上，漸次成為我理解的方法。也就是，透過這些不同的互動我一再確認「胖」這個議題的真實性與樣子。

有沒有其他的看法

當然，事情總會有些意外。除了胖，還是有一些人對於愛情市場的評估是不一樣的。

……三年來對你的感覺：只是你非常逗趣，且很肯上進。透露你一些祕密——一般女孩子都很喜歡你這類型的男孩喔！(B11)

這是班上一個女同學，平時不太跟其他同學交談，只有常跟她們幾個熟的同學來往。所以看到她寫的內容，實在令我意外。我在想，這個她透露的到底有沒有發生過？至少我實在很難感受那是什麼，那些喜歡我的「一般女孩子」在哪裡？或是這是她們那一群人的看法？不過這對我來說很難去驗證。因為我很少有那種被喜歡的感覺。

……現在，你可算是班上，不，全年級風頭最健的人物，提到你真是無人不知，無人不曉，好在我們沒有同班，不然，班上的女生都會被你「迷」倒了。(A30)

這是和我同國小的男同學，一起來念這所國中但是不同班。他所謂的「全年級風頭最健」這件事倒是形容了我當時的「盛況」，因為不管到哪裡都會有認識的人，而且有好些人都希望認識我。一般來說，這樣的「風雲人物」的確應該會有很多女孩子喜歡。可是，就算我身為全年級的風雲人物，但是因為胖，我就只能停留在當一個風雲人物，還是得（不得不）扮演那個找不到愛情的胖子。

愛情應該也是一種學習，從這個關係中學習如何建立親密關係，學習如何在親密關係中相互成長（或墮落），學習在親密關係中的衝突與妥協，這些都必得要建基在關係開始之後。但愛情關係的建立除了我們總是在說的「緣分」之外，還需要有「機會」。至少在愛情面前，我實在無法說胖子與其他人是人人平等的，這是一個「機會不均等」。而這個「學習機會」的被剝奪，讓胖子的人生喪失了更多豐富的可能。

3 我的肥，我的胖

在我的畢業紀念冊裡，有超過三分之二的篇幅裡都提到我的「胖」這件事。也就是說，當別人要來說我的故事時，「胖」是大家不得不提到很重要的事，至少有超過三分之二的朋友同意要把這件事書寫進來。既然這麼重要，那我當然要來看看大家對於我的肥胖有什麼樣不同的理解。

令人失望的胖子

面對我的胖，有人直接挑明這個讓人「失望」的現象。

……記得我還在「牛蛋」老師那補英語時，我們也是同班，也因為你而笑聲不停，很多別校的女同學都一直問我，嘉華的蔡比[6]是哪一號人物，結果看了以後……很失望，我看你還是

---

6 牛蛋是英文補習班老師的綽號。蔡比是我在國中時的其中一個綽號。另外還有色培、蔡皮、蔡培、肥貓、色皮。

減肥吧！(B17)

這是國小到國中都同校但不同班的女同學，她的講法很直接，很意外的直接。國中時，因為我很愛跟老師抬槓，所以老師們都知道我愛搗亂。而在校外的補習班，我一樣愛跟補習班的老師抬槓，而老師也樂得有我製造一些笑果，讓上課的氣氛不會那麼沉悶，有時反而跟我鬥嘴愈講愈多，這就讓大家有了深刻的印象。而因為補習班裡有來自其他各個不同學校的學生，所以當時我在同年級不同學校裡也是小有名氣。不只我在不同國中就讀的國小同學們都又跑來問我怎麼變得這麼有名，連我國中同學都說她們在不同國中的國小同學都在問這是哪號人物？

不過我一直到要畢業之前才知道，原來曾經有這麼多女同學打聽過。不只是這個女同學告訴我，還有其他的女同學也告訴我同樣的事。但是大家似乎都是對我的真實樣貌很失望，所以沒有任何進一步的動作，我當然也就不會知道這些事情啦。這個對於胖子的「失望」，其實也進一步反映了胖子看待自己的「失去希望」。

這些大抵上都是用別人的話來代替自己要說的話，更直接的是直接說出自己對於我的胖的

「失望」。

培培好，培培妙，培培呱呱叫。
培培功課好，
培培身體棒，
培培是一流的，但是唯一的缺點是
培培「胖胖」的，不好啊！
要要要要……減肥啦！（B13）

這個是我國小同學，國中是同校不同班。「培培」這個稱呼從來沒有出現在我跟她的對談中，所以我猜想她在這裡是想要跟我表示某種想要更親近的意涵（因為她在後面也備註：寫的字雖少，但卻隱藏了很多的含意）。但是前面寫了這麼多的誇獎，這個把胖形容成我唯一的缺點，擺明了是說，雖然有這麼多的優點，但是只要維持是一個胖子，那身上永遠有一個缺點。這個將「胖」看成是缺點的對待，也顯示出一種對胖的「失望」。

這個「失望」雖然還不到「嫌棄」的地步，但至少是「希望改進」的。也就是，胖是一種不好的狀態，要想辦法改善它。

身材・印象

對於第一次接觸，胖子的身材總是讓人印象深刻。但是這樣的印象其實有著不同的解讀，也會接引著不同的對待關係。我的同學們是這樣看的：

剛進嘉華在認識你之前，我見你「魁梧龐大」的身材，一直都不敢親近你，最後認識你是個心地不錯的人，才使我放心。(A18)

這是一個身材嬌小的男同學，綽號叫「陸小芬」。他的身材大概只有我的三分之二，看起來應該是從小就比同儕要來得嬌小。所以這樣的身體讓他看世界以及判斷人的方式會先從身材建立。而我比他高出至少一個頭的身高以及至少比他多出三十、四十公斤的體重，被他的解讀是「害怕、不放心」。所以身材龐大的人也會有讓人恐懼的可能。這個是在我跟人互動過程中，第一次有人這樣看待我的身材的印象。

你的體重是令我警戒的好方法。（A41）

這個同學的綽號叫「小狗」。他很喜歡說我的體重，也很喜歡跟我比東比西。他覺得我實在太胖了，所以常說，如果我的體重進了金氏世界紀錄他就要送我三百隻肥豬。他對我身材的印象是覺得超出常規太多，是一個非常值得拿來警惕的「標竿」。因為他的身材屬於嬌小型的，跟「陸小芬」加起來，不知道這可不可以算是因為身材而影響觀點與互動的例證。

培培：

聽，多肉麻的名字，但也帶著可愛的意味，就像是在叫小孩子一樣。但最大的原因是你圓嘟嘟的模樣。

首先，最要感謝你的照顧，平時我遭到欺負時，你總是挺身而出，只用你的身材，就夠使他嘿嘿，傷腦筋。（A43）

這是我國中時期很要好的朋友。因為彼此家住附近，所以從國一認識開始就經常約著一起打球、遊玩、欣賞飛機（我們住的地方離嘉義水上機場很近，可以從機場周邊看到飛機起降還有停在停機坪裡的樣子，這是住在附近的小孩的重要娛樂之一）。在這裡他描寫有關我身材的印象有兩種。首先是「可愛」的，因為是圓嘟嘟的模樣。這也是胖子很容易被形容為不倒翁的原因。另一個印象則是「具有威脅感」。因為只要挺身而出，光用身材就能夠讓敵人退卻。這個形容與前一個可愛而不具威脅感正好是相對的，但同時都被用在對我的身材印象上。

對身材的印象是讓人初步判斷的來源。所以在我身上至少有兩種截然不同的解讀，也因此會有不同的對待關係出現。

樂觀愛笑的胖子

「心寬體胖」常被用來形容胖子的身體及個性。這個意象是從身體出發，但要求的卻是內在個性與處事態度。也就是說，這句話暗示著因為「體胖」所以要「心寬」，不然可能會變成一個不受歡迎的胖子，不然可能變成具有威脅感的胖子。不過在那個時期，我倒真的是蠻樂觀地看待我的生活與未來，所以在國中同學的描述裡，我的形象總是樂觀愛笑的……胖子。

……每個人見了你之後，對你的印象除了身材之外，就是你的心胸寬大，並且樂觀進取。每當大家跟你玩時或是開你玩笑，你也不介意，具有君子之心。還有看你每天都是嘻嘻哈哈過日子，凡事也都看得很開，很少計較。(B20)

身材通常是我給人的第一個印象，但之後的相處就是個性了。這個同學的描述蠻令我意外的，因為感覺不出來他會用這麼多的字眼來描述我的個性。這個同學是那種就算被欺負也不太會跟人衝突的人，當然有時我會看不過去制止。

當時我算是非常好相處的人，身上沒有太多個性的稜角，不太跟人起衝突，甚至有一些同學間的紛爭是我去排解的。不過那個不介意，跟什麼「君子」應該沒啥關係，而是我對「開玩笑」的接受範圍很大，幾乎各種玩笑都能開，因此很少有人「能夠」得罪我。這樣的個性一直延續到現在。但同時我也想到導仔的形容，「太多的分心與不在意」，那樣的不在意，是不是也錯過許多可以讓人生更豐富的機會？

……你是一個很穩重的人，而你的個性就像彌勒佛一樣，整天笑嘻嘻的，給班上帶來不少歡笑。(B9)

印象裡你是班上的活寶，很受大家歡迎，也很得人緣，可見你的為人處事很有一套。(B12)

……你的感覺給人一眼看了就喜歡，看見人總是笑嘻嘻的。(A29)

……功課蠻不錯的你，雖然人是胖嘟嘟的，但是在班上你人「猿」好像還不錯，平常你也是班上的開心果，有時真的把我們逗得哈哈大笑，腸胃都要反了。(A34)

……你肥胖得可愛，你就像一個活寶，總是很討人歡喜。(A36)

……還記得在牛蛋、蜈蚣[7]那裡嗎？你的名聲真是大啊，也常是他們開玩笑的對象，帶給了我這三年來的歡笑，把我的人生點綴的多采多姿。(A15)

這一連串的描寫中有男有女，基本上都在描寫同一件事，就是我是一個胖得可愛、樂觀愛笑的人。這個描述除了在學校裡，也包括在校外的補習班。這個討人喜歡的形容，正好描述了我當時四處受人歡迎的狀況。有時這樣的形容會讓我有很多正向的感覺，與那個負向的胖同時矛盾卻不衝突地並存著。

……一直覺得你是一個很喜歡笑的男孩子，常常為了一件小事而笑得前翻後仰屁滾尿流的。尤其是對我們導仔的事情都特別敏感，每次一有情報，總是打越洋電話過來報告新發現，但總是被導仔捉個正著。她還未訓完，只見你已經笑得倒在地上了。(B14)

你是本班一個很「龐大」的動物……你的笑聲是令人「無法抗拒」的。哦，受不了了。每次說到好笑的，你總是嘻嘻笑得東倒西歪。(A21)

這兩個是另一對活寶。我們常常是班上的歌唱三人組，我們的歌喉每每被同學抗議，但又

---

7 蜈蚣是數學補習班老師的綽號。

常常一搭一唱。每當課堂上有什麼有趣的事情發生時，我們一定會互相支援繼續搞笑，讓上課的氣氛變得輕鬆。但在這個活潑好動的外表之下，我們卻都喜歡詩詞，我們會一起找詩集來念，甚至自己創作新詩然後投稿（不過沒有人投稿成功過就是了）。這些看來相斥的人格特質卻都同時並存在我們身上。雖然有時前一個同學會抱怨別人老是看到他很好動的那一面，很少有人知道他安靜的那一面，但他發現我這兩者之間的差距更大時，他反而還有點欣慰。原來我們雖然都被理解成那個愛笑的樣子，卻也互相知道對方不同的面貌。

……蔡比（是另一個綽號）非常樂觀，整天嘻皮笑臉，未嘗看到你傷心過（有的話也只是裝的）。(A43)

這是那個家住在附近很要好的朋友寫的，我們雖然常會談一些私底下的事及心情，但我知道有一些東西我當時談不清楚，或是我知道我沒辦法談的，例如那個因為「胖」而在愛情的追求中受傷的我。他的印象中，即使我有一些情緒上的波動，但是通常很快就會過去，很快恢復成快樂的樣子，所以他覺得那些傷心都不是真的。雖然某個程度上，是因為我也沒辦法處理那種深層的沒自信，便常常用隱遁的方式忽略那種感覺，於是會很快又變成快樂的樣子。只是透過好朋友的描寫，現在回想起來，會覺得有點心疼那時的自己。

4 傾聽與助人

「傾聽」與「助人」這個在社工養成教育過程中不斷被強調該有的特質，原來在過去的生活中就已是我個性的一部分，看來冥冥之中老天爺早就指引了一條路。

與不同個性的人相處

……說真的也真奇怪，我怎麼會跟你一起這麼久。我們根本個性都不相合的。你喜歡詩，喜歡清清的，喜歡浮，不喜歡現實，顏色也不喜歡鮮麗，完全是狗吃屎那一套。(A26)

這個男同學是國二搬家後家離我家最近的同學，因為這個緣故，我們每天都一起騎腳踏車上下學，假日時玩在一起的機會也變多，交情變得很好。他的個性的確跟我完全不同，喜好的東西也差異很大。因此在跟他比較之下，我變得非常的「樸質」。他覺得我的個性跟我喜好的東西都是很「清、輕」的，不像他追求的那種重金屬搖滾、「豔麗」的裝扮等。而我跟這樣完全不同個性的人也可以變成好朋友。

不只是他，我在班上的狀況是，我有自己的死黨群，但同時又能在不同圈子中遊走。套句現在的政治用語是，我可以在不同的「派系」中遊走。這些不同圈圈代表著每一群不同個性與喜好的人，因此平時使用的交談語言也不太相同。但是我不管到了哪一群中都可以很快地打成一片，雖然還不到讓人覺得我是同一圈的，但都歡迎我和他們一起混。跟不同個性的人相處，是我從國中時就開始的學習。這個學習則在我後來的工作中常常使用到。

傾聽

聽別人說她／他自己的故事，是我的喜好，也是我關心別人的方法。

……有時候你未免也太大了吧！把我罵得悽悽慘慘，本想回你幾句，可是又想起你說我太不像女孩子，所以又吞回去了。不過很謝謝你關心我的功課，雖然說不是頂好的，但是我希望

自己的功課有逐漸進步。(B3)

這是一個長得很漂亮的女同學，但當時我常覺得她的個性很像男生，只是因為她的漂亮讓人「忘記」去理解她的個性。我們常鬥嘴，我常說她不像女孩子。有一次聊到家裡對自己的期待，她說她家裡最擔心的是她的功課，因為她家並不是什麼有錢人，是想盡辦法讓她來念這間私立中學，所以她的壓力也很大。在這次談話後，我就開始注意她的功課，希望可以幫助她功課進步，減輕她的壓力。

……到初三時我家時常發生一些事，我成績也直線下降，你也讓我有地方傾訴，也一直鼓勵我，這點我很感謝你，永不忘記。(B18)

這是我覺得非常可惜的一位同學。我們的交情是因為他家裡發生的這些事情，而他找我聊之後變得更深厚。

他的成績從國一開始就相當不錯，但到了三年級後忽然掉了很多，導師找他去問也只是得到「自己不夠用功」的答案。我跟他熟識是因為國二時有段時間我們一起到某個補習班去上課，因為班上只有我們兩個，所以有點「相依為命」的感覺。不過我們基本上並不是同一個死黨圈的。三年級時有一陣子我的座位被安排在他前面，有一天他說他想跟我談一談，他覺得他死黨那一群沒有人可以瞭解他。

那天下課時間我安靜地坐在位子上聽他說。他說他爸爸打他媽媽還鬧上法院。在家裡幾乎每天不得安寧，因為他爸爸喝酒後在家裡鬧，他只想著維護他媽媽，還要擔心自己會不會被爸爸打。他在家裡根本沒辦法唸書。有一次他說，他昨天沒來上課是因為陪他媽媽上法庭。結果他們開完庭在法院門口時竟然還被他爸爸追打，他爸爸抓著媽媽的頭髮在法院門口拖著走，竟然沒有人幫忙他們。他那時也不知道怎麼辦，只好一直試圖拉開他爸爸，那時他只覺得很無助。

我記得我剛知道時很錯愕，也很擔心他。我一直鼓勵他說出來，那一陣子他經常找我聊，我也一直給他回饋，他覺得說出來後至少心情好很多。

導仔一直到因為要寫我的畢業紀念冊時看到這個同學這樣寫，之後私底下找我去問這個同學家裡到底發生什麼事？我跟導仔說，同學有交代不能說，所以要問他願不願意讓妳知道？（保密原則!?）後來我和這個同學說導仔有在關心，他同意讓導仔知道，然後他才有再去跟導仔聊。

每次看到這個同學寫的，我就會想到他令人惋惜的遭遇。他因為這些家庭因素，高中沒考好，留下來念了同一所學校的高中部。之後沒上大學，後來好像去屠宰場工作。

我一直都會記得我聽到的這個關於家庭關係失和導致一個孩子人生變色的故事，也一直記得在那個年代認真傾聽別人故事的我。

而我聽到別人的故事當然不是只有這個。好笑的是有一個同學，他哥哥是個小混混，所以他經常也會去跟人幹架。他的成績不好，但又希望可以表現好一點。他有一次也是和我說完家裡的事情還有他的希望後，要我「開導」他一下，講點道理給他聽。好吧，那我當然要搬些道理來訓訓他。結果每次他只要感覺不對，就要我講道理給他聽。只是講完之後又要說：「你實在很愛講道理耶！」明明不就是你要我說的？

助人

……近三年的相處，對你那熱愛幫助別人及樂於打抱不平的每件事均甚表羨慕。(A37)

這是一個書念太多的「書呆子」同學，他每天除了上課外，下課時間也都坐在位子上唸書。有一群同學是屬於這個圈子的，但是我實在希望他們的生活要多變一點，所以經常會去逗他。有時他會被我搞得很煩，就會又好氣又好笑地要我不要鬧。我相信他都有在看我到底在幹嘛，因為有一些我看不過去的事情我都會自己出頭幫別人發聲，同學有事找我幫忙我也很少拒絕，他就有了這樣的印象。

「熱愛幫助別人」就是那個樂於助人的心，「樂於打抱不平」則是對不合理的事情的行動。或許正是因為這樣的個性，讓我的人生曾經在「運動」與「社會工作」間承轉。

……還記得到「蜈蚣」那兒補習的一次糗事吧！因為我橫衝直撞的虐待車子，使它「生病」了，若非你義伸援手，我看，我得牽著走回家了。以前到現在，樂於助人的善行一直是未曾改變，

而變的是你一向優異的成績。（A30）

這是我國小同學，國中是同校但不同班。初看到他寫的這件事我倒真的已經忘記了，想了好久才想起來。這樣助人的「小事」對我來說真的只是舉手之勞，看到有人需要幫助但自己有能力卻沒有幫忙，反而會讓我內疚很久。這個國小同學因為從國小階段的相處到國中，所以很知道我那種樂於助人的個性。

那個樂於助人的習性並不是因為念了社會工作被教育說要助人才有的，而是早就存在我的個性之中。

國中生活對我來說，是我脫離國小那種怯生生而依賴的習性，開始自主探索許多事物的開始。所以在這個階段有許多互動讓我養成的世界觀與處事態度，真實影響著我的人生樣貌。作為一個胖子這件事，的確在我國中生活中扮演重要且具有決定性的角色，而這同時也讓我更敏感地與其他人往來。只是除了胖之外，我還是有很多其他的個性優點，那個「樂於助人」以及「打抱不平」的自己不也是很真實嗎？我又何必只是執著於「胖」呢？

為何要因為「胖」而放棄掉其他的森林？

畢業紀念冊一直是我很珍惜的「寶物」。透過同學們的書寫，原本我希望寫出那個被同學視為胖子的我是哪付模樣，但我看到更豐富的是除了胖之外我還有更多在別人眼中不同的樣子。畢業紀念冊作為一個文本的意義，是在讓我從「胖」出發後去發現有更多樣子的自己。

我現在的工作是負責學生社會工作實習業務的助教[8]。最近學生很常說，她們到系辦公室來就會看到助教很愛笑。這個形容自從我離開國中階段就沒有出現過，現在感覺我又回到國中時那個愛笑的我。因為當我開始可以用更輕鬆的心態面對自己的胖，面對自己的種種優劣，面對這個世界的人事物，就會發現這個世界的矛盾與趣味，所以我可以有更多的「笑」來面對人生。「反璞歸真」？沒那麼嚴重，但「放下擔子」的輕鬆，則是我在一步步朝向自己的歷程中的體會。

---

8 這是論文書寫時的工作，目前已調職。

第三章

/

為啥「胖子」是罵人的話？關於胖子的論述

「胖子，死胖子……」

「ㄟ，妳怎麼可以罵人？」

……？！

稱呼人為「胖子」是一種罵人的方式，這樣的邏輯透過他人對於發言者的訓斥更加確立。也就是，對於前頁對話的兩造而言，「胖子」的確是一個罵人的話語。就像是我們稱呼肢障者為「跛腳」，聽障者為「臭耳人」，視障者為「青瞑」，語障者是「臭奶呆」、「A九」。這樣充斥在日常生活中的語詞，形成一種人們認識的眼光與理解的邏輯，同時也不斷指涉這些特定的對象。於焉，論述在各種不同的時候、場合、人物、事件之間起了作用。

「『言說』作為語言使用的一個特定領域，可以通過跟它相關的制度設施、通過它所出發的立場和為言談者選定的立場來加以確認。可是這個立場並非單獨存在著的。」[1]是的，在日常生活的對話與人際互動裡，作為一個胖子的我不斷與不同的人在不同的狀況下往來，這樣的「社會性」生活，是論述有效果的首要條件。而在這個往來過程中，我被提醒了那個作為胖子的身分，同時也學習應該如何看待一個胖子。不管是從童謠中的「大摳呆，炒菰菜」所傳遞出來的「大摳就是呆」的訊息，或是各種減重廣告中的那個負面標記，抑或是那些想要捍衛作為一個胖子的尊嚴的著作，這些不斷穿織在我的日常生活中各種談論，在街頭巷尾凝視的眼光，在電視報紙中出現的訊息，形成了一種綿密的認識網，教導與形成我們看待胖子的觀點。

於是，不論我是安然接受了這些不同的觀點，然後我的行為隨之服膺。或是我企圖要去發展自己對這些觀點加諸在我身上的抵抗，我都必須從日常生活中去更認識這些論述是如何發生／作用的，且透過我作為胖子的身分不斷地交涉。也就是，我的日常生活就是我不可躲避的論述實踐。

1 胖子的類型

分類（categorization）是人類認知形成學習的重要步驟，指的是在對事物屬性辨別之後獲得認知的心理歷程[2]。分類的意義在此所彰顯的是為了學習的必要而出現的前置機制。當然人的社會學習是複雜的，而分類也就有不同的意義，在日常生活中透過各種不同的分類

1 麥克唐納著，陳墇津譯，《言說的理論》（台北：遠流，一九九五）。
2 張春興，《現代心理學》（台北：東華書局，一九九一）。

系統來看待人，例如星座、血型、性別、科系……，讓我們以為可以將人安置在這些個好像可以被理解的分類系統下，然後獲得某個程度上的安全感。這是人際互動中微妙且常出現的狀況，讓我們得以在互動中有個基本對人的想像與對行為的理解。每當人們心中出現「她／他就是那樣的人」時，那樣的分類機制也就不自覺浮現。

而在「胖子」這個軸線上，這樣的分類同樣存在。首先，「胖」、「瘦」就是一個基本的分類。論述指涉的特定對象必須先透過分類的機制才能完成，所以分類本身就是論述的一部分。而在被區分為「胖子」的這群人當中，又因為各種不同的理由（物種的、醫學的、商業的、社會控制的……），會被分類成不同種類的胖子，讓胖子們自己各就各位。

胖子的基因有何不同？

從物種最基本的組成來看肥胖，這是基因研究想要論述的觀點，也是生物工程技術對人類生活操縱所掌握的必要武器。當然在這研究的預設中，肥胖是「不正常」的，這是值得做研究的原因。

有關人類肥胖的基因研究，目前的發現共有五種分類[3]：

基因名	遺傳方式	肥胖特徵	其他特徵	基因位址
LEP	隱性	出生三至四個月發作，重度肥胖	多食，血中胰島素偏高，性腺低能症	7q31.3
LEPR	隱性	同上	血中瘦素偏高，其他同上	1p31-p21
POMC	隱性	出生四至五個月發作，重度肥胖	多食，ACTH 缺乏，紅頭髮	2p23.3
MC4-R	顯性	同上	多食	18q22
PC1	隱性	幼年時發作，中度肥胖	性腺低能症、ACTH 缺乏，胰島素偏高	5q15-q21

當然，基因研究目前仍在持續尋找這些導致肥胖的基因，而且也很清楚環境因素的重要，所以考量肥胖基因與環境因素（食物獲取、食量、飲食習慣、文化背景、運動習慣）間的交互作用是研究的新方向。未來這樣的營養基因體學（nutritional genomics）及運動基因

3 楊偉勛，《人類肥胖基因之研究》（台北：國家衛生研究院，二〇〇一）。

體學（sports genomics）的研究必將更加蓬勃[4]。

在基因工程不斷翻新，基因治療技術日益進步下，當這樣的「不正常」被找到來自於人類組成上的「缺陷」時，表面上看來似乎可以宣稱「我這麼胖是因為我的基因有某些缺陷」，所以找到一些道德上的逃逸。但實際上卻更強化了「胖」作為一種「不正常的病態」的解釋。

這樣的基因研究分類對我有什麼影響？我感覺我被觀看的方式，穿透外顯的身體到達顯微程度的細胞，還上傳祖宗十八代。不只我要在這個分類裡就位，連我的祖先們也要就位。因為基因的研究扣連著遺傳學，因為血緣而來的基因關係，讓我的祖先們要為這個「病態」的「歷史共業」共同負起責任。這還真是不可承受之重啊！

中醫怎麼看

傳統的中醫對於肥胖有不同的分類，且針對不同的型態有不同的治療方式[5]。

型態	特點	治療方式
胃熱痰瘀型	肌肉結實、容易口渴、食量大、愛吃冰。	百分之三十六至三十八的人屬於這型，且以男性居多。臨床上用清胃熱的瀉藥，如大黃、草決明等，加速代謝，利用排便方法來降火氣。此外，也可藉助耳針或針灸神門穴抑制食欲，減少熱量攝取。
肝鬱氣滯型	常鬱悶嘆氣、容易失眠多夢、容易緊張、煩躁、經常覺得疲倦、女性有月經失調。	肝系統是調節脂肪代謝的重要器官，情緒不穩會影響肝的運作失衡，造成肥胖。門診中約一半的女生都屬這型，現代女性工作忙碌壓力大，情緒不穩定，經常用吃來當做安慰劑。情緒轉換調整，是這類型人的減重功課。平時可以喝點抒肝理氣的玫瑰花茶、桂花茶或是陳皮，可以和緩情緒。針對這類型的減肥方式，臨床上以抒肝理氣的逍遙散中藥等為主。針灸則使用負責調節情緒的肝經如太衝穴、太溪穴等。

4 同注3。
5 中國人的網上醫院，http://big5.91.cn:81/gate/big5/jf.91.cn/zyjf/zjjf/263399.html（檢索時間：二〇〇八年六月）。

產後脾虛濕阻型	肌肉鬆軟、容易疲倦無力、四肢浮腫、食欲差、產後居多。	這類型人約占減重門診的百分之二十七至三十，因為脾系統功能較差，通常會使用強化脾臟功能的藥物，如黃耆、茯苓等。平時可以多吃些幫助水分排出的食物，如薏仁、紅豆。針灸則以足三里、三陰交等可以減少身體水分製造及排水的穴位為主。
更年期或老年的肝腎兩虛型	通常超過五十歲，合併有高血壓、糖尿病等慢性疾病，少吃體重仍上升。	這類型約占百分之二十二，男女都有。更年期及五十歲後，身體功能衰退，臟腑機能也會減弱，加上荷爾蒙減少，新陳代謝趨緩，減重的工作更加不易。這時治療重點在補肝腎。臨床上一般會用六味地黃丸、何首烏、女真子等中藥。此外，肝主筋、腎主骨，肝腎功能衰退會出現骨質疏鬆或關節酸痛，可以在飲食中補充一點黑芝麻，可以滋補肝腎。針灸以調整肝腎穴位為主，如中脘、關元、三陰交等。

姑且不論這樣的分類有沒有醫學上的道理，但它倒是清楚地將性別的差異帶入了肥胖的分類中。「情緒控制」在這裡被當成一項解釋變胖的原因，且女性的肥胖就是情緒控制不佳的示範。這樣的分類看起來好像有著醫理基礎，但是同樣複製了對女性的刻板印象。也因

為這種將情緒與肥胖關連在一起的分類說法，所以總是會有人問我說，我是不是常常在心情不好時就大吃大喝？好像企圖要將我的胖與情緒控制綁在一起。這樣的提問有時常會讓我覺得，將我的胖與自我管理的「道德」要求與看待畫成等號，這也是不公平對待的一項來源。

減肥產業的觀點

減肥這檔事出現的面貌常常是戴著醫學的面具，實際上玩著商業的遊戲。為了讓每個自以為胖的人都可以找到自己的類型，以便有更多正當性進入商業的減肥產業，這些來自醫學身分的分類者必須同時應付「顧客」的需要，所以分類是可以透過商業考量而因時因地制宜。

在台灣很有名的「減肥醫師」劉伯恩，將肥胖分類為：局部性肥胖、病態性肥胖、更年期肥胖、上班族肥胖、男性中年肥胖、女性產後肥胖[6]。更年期肥胖、上班族肥胖這種因為

---

6 桃園長春診所。http://pouanliu.miniasp.com/doctor.htm（檢索時間：二〇〇八年六月）。

身分而不是肥胖事實的歸類方法，顯然是為了因應現代生活的新身分形成所做出來的商業考量。

另一家減肥診所更妙，它的分類方式是這樣：遺傳型肥胖——先天體質、家族都是胖子；代謝型肥胖——代謝功能退化、缺乏運動；內分泌型肥胖——內分泌失調、病理或藥理引起者；產後型肥胖——產前充分營養、產後坐月子營養過剩；酒精型肥胖——工作需要常應酬、喝酒、小腹便便；空氣型肥胖——不吃不喝也會胖的易胖體型[7]。這樣的分類方式是呼應了一般民眾對肥胖的理解，同時只是將一些似是而非的說法包裝起來，這樣的企圖當然是商業手腕。例如，有一些人會抱怨好像沒吃什麼東西，還是一樣瘦不下來，好像吸空氣就會變胖一樣。這本來只是一種比較極端說法的個人抒怨，結果在這家診所竟然將這種說法分類成為「空氣型肥胖」，還煞有其事的解釋。

另一種則是由減重的類型來分類。它的分類是這樣：依體重變化的形式來分，減重可分為四大類型，分別為速效型（一個月三至五公斤）、標準型（一個月一至二公斤）、反轉型（一到一個半月之間先增加體重，然後才反轉開始出現減重效果）、調整型（前兩個月體重沒有變化，兩個月後開始出現減重效果）[8]。這種分類好像也只是企圖將所有的狀況包含進來，並沒有什麼特別的理由。

我們都活在商業訊息操弄的世界裡。有太多訊息用「專業」的外衣包裝，搞到後來我也搞不清楚這些東西是真是假。這樣分類的效果，讓每個人都能找到自己要的解釋，才能包山包海收客人。而這對我的影響是，在不同的階段都能找到被對號入座的類別，及他們對這個類別的解釋，而這些則是我會被解釋的模樣。

社會控制的作用

行政院衛生署國民健康局的網站有一篇這樣的文章〈國人肥胖標準太寬了嗎？〉[9]，這篇文章主要是說明台灣的肥胖標準如何訂定，這個標準是由「中華民國營養學會、肥胖醫學會、糖尿病學會、肥胖協會等醫學、營養及公共衛生之學者專家成立『肥胖定義及處理

7 唐成減肥診所。http://www.nature333.com.tw/news2_detail.php?news_id=47（檢索時間：二〇〇八年六月）。
8 http://blog.sina.com.tw/iviphot/article.php?pbgid=23283&entryid=579708（檢索時間：二〇〇八年六月）。
9 行政院衛生署國民健康局。http://food.doh.gov.tw/chinese/libary/libary5_1_24.htm（檢索時間：二〇〇八年六月）。行政院衛生署已於二〇一三年升格改制為「中華民國衛生福利部」。

委員會』」，透過委員會的討論來定義肥胖以及處理原則。這個定義是以身體質量指數（BMI）為標準，訂出不同範圍。如果BMI值小於十八．五，則屬體重過輕；介於十八．五到二十四之間的則是健康體位；介於二十四到二十七之間的就屬於過重；介於二十七到三十之間屬於輕度肥胖；介於三十到三十五之間屬於中度肥胖；大於三十五的則是重度肥胖。這個定義大抵是目前台灣新陳代謝醫學採用的標準。除此之外，為了實際狀況的需要，二〇〇五年發表在亞洲太平洋地區肥胖會議記錄中，其中對台灣的看法是建議分為：一、醫療強力介入之標準—BMI大於等於二十七；二、醫師對潛在風險對象之篩選標準—BMI二十四；三、教育民眾之標準—BMI小於二十三。這個標準所要篩檢與分類的是以「病」作為區隔，所以有許多策略性的修改。

這是一種社會控制。這樣的控制分類背後架接著政治與經濟議題（例如醫院收入、藥品採購、減重產業發展⋯⋯），只是原本不必然是惡意的，倒是比較精細的社會分工的標準。當然，這個分類讓我在就醫時總是會被計算目前是屬於哪一個標準範圍，以便計算我能支用多少醫療成本。

我被如何分類？

分類隱含著一種秩序，同時也想再創造新秩序。

為何胖子在不同的面向裡值得被分類？胖子在這些不同的面向中滿足了不同的利益／立意，但同時也被這些利益／立意拉扯。例如我一直覺得基因研究裡，隱含了對人類未來發展控制的慾望，隱含了創造「理想人」的追求，所以要不斷地去「改良」。胖子作為一大群需要被改造的標的，是非常值得一群群細分出來，然後設計各種標靶來「各個擊破」。這是一種「新伊甸園」的想像。又例如減肥產業中所生產出來的各種分類機制，第一步都是為了要最大範圍將可能的消費者創造出來。所以這些分類機制是隨著不同的時代需要而「進化」的，而且當產業分工愈精細，分類被談論的方式就隨之精細，以便符合產業消費的需求。這當然是一種「新秩序」的創造。所以現在我們觀看身體的方式是還要注意看是哪個部分肥胖，要去買哪一種商品以為因應。我們開始以零碎的方式觀看身體，某個程度上這就是「新秩序」所創造出來的。

有時候我在街上碰到那些發著傳單的減肥商品直銷業者，他們直接說：「先生，參考一下，你是屬於中廣型的肥胖，我們有很有效的方法。」或「先生，這個營養代餐很適合像你這樣的人，要不要考慮一下？」原本對這樣的遭遇只覺得不舒服，碰到了只想要避開，只是理解了刻意分類的目的，我反而還會跟她／他們小小討論一下這些商品到底為何有效。而這種面對態度的轉變，反而讓我更理解她／他們到底怎麼想這些東西。

2 胖子的經濟學

一個新聞的啟示

二〇〇六年，一個朋友寄給我下面這個新聞[10]：

導致地球暖化？胖子被汙名化

一開始，我們說他們習慣不好，搞垮身體，應該戒除；接下來，我們說他們令人反感，不想跟他們為伍；然後，我們又說他們浪費好多我們的錢，所以，或許他們該繳額外的稅款，因為別的美國人可不會跟他們一樣，過那種墮落的生活。

我們在談抽菸的人嗎？不對，是胖子。

十月下旬，肥胖人士的罪狀又多一條，說他們導致地球暖化。伊利諾大學香檳分校兩位學者傑布森與他指導的博士研究生麥蕾提出論文說，依他們計算，美國人愈來愈胖，為了交通運輸，多耗用的油料達一年十億加侖；文章刊登於本期《工程經濟學家》季刊。

多耗油料 多排二氧化碳

兩人論文的結論，與去年《美國公共衛生期刊》登載的文章脈絡相通。去年文章的作者群是美國聯邦「疾病管制暨預防中心」人員，他們的結論寫道：在一九九〇年代，美國人體重平均增加達四公斤五百四十公克，為此航空業多燒掉三億五千萬加侖的燃油，也就是說，多排

10 潘勛編譯，〈導致地球暖化？胖子被汙名化〉，《中時電子報》，二〇〇六－十一－十三（檢索時間：二〇〇八年六月）。

放三百八十萬噸的二氧化碳。

耶魯大學「魯德食品政策暨肥胖症中心」主任布朗奈表示，大家好像競相翻找各種理由，叫胖子們覺得很難受。

傑布森博士不認為這樣子有什麼不好，他表示，肥胖危害社會與經濟，面向很廣，不只公共衛生而已。

動用經濟手段，勸人減肥，這種想法導致不時有人呼籲，加徵垃圾食物稅金。維吉尼亞州「威廉與瑪麗大學」經濟學家施密特就主張，開車到速食連鎖店「得來速」購買垃圾食物者應該多繳點兒稅。施密特博士最近在《紐約時報》意見版發表專文表示，既然那些人連花點力氣下車取餐都不肯，那麼就多花點錢吧；畢竟，增加香菸稅，部分原因在癮君子會增加公衛系統成本，既然如此，對胖子也可以如法炮製。

愈被歧視 胖子吃得更多

芝加哥大學政治學家奧立佛則表示，乍聽肥胖導致多耗用油料而使地球暖化，還有應該加徵得來速食品稅，令他很想發笑。但這類主張經常會愈來愈得勢，最後自成一派；他表示，這種情形，就好比大家說，我們再來找別的理由，讓胖子變成代罪羔羊吧。

布朗大學政治學家蒙羅表示，要肥胖人士減重，用勸說的方法比較好。但有人質疑勸說管不管用，畢竟肥胖的成因，很大一部分是遺傳；而且，根據今年布朗奈博士十月十日撰寫的論文，他與同儕調查三千名以上肥胖症人士，發現愈是被妖魔化、被歧視，肥胖者的反應是吃得更多。

這個新聞說到了一個重點，除了個人健康，除了有礙觀瞻，「胖」這件事已經跨出了公共衛生領域，進入到政治經濟領域了。對比於我的生活經驗，這樣的質疑早就存在許久了。記得有一次跟媽媽討論到說我是家裡四個小孩中用家裡最少錢的，因為從念大學開始，我都是自己賺錢付學雜費以及生活費，沒有跟家裡拿錢，且我的生活簡樸，不需要花太多錢。本來是打算邀功的，沒想到卻被媽媽打了一記回馬槍。媽媽說，才不是這樣，因為我是家裡最胖的，從小就吃最多，且表面積最大，所以洗澡時用的水最多、也耗費最多能源。另外，胖容易流汗，她覺得我是最常要開冷氣的。還有，從小載我上、下學都要多花一點油錢。衣服、褲子很容易磨破，常常要買新的。就這樣，從食衣住行每一樣都因為胖而比別人多耗費更多，這樣算一算，應該是我花最多。

媽媽的說法與這個新聞所報導的研究結果推論不謀而合。

結果我聽了很生氣。我說，我是吃很多，可是吃的都是便宜的或是家裡剩下的東西，我弟每天花在吃的錢比我還多，只是他吃不胖，實際上並不因為我胖所以我就會花更多吃的錢。以前我姊洗一次澡花了很多時間，雖然她瘦瘦的，可是用了很多水在洗澡上，有時候一天還會洗兩次，所以並不因為我的表面積大我就會用更多水，這樣當然不會耗費比較多的能源。我雖然容易流汗，但我通常只會開電風扇，最常要開冷氣的是媽媽自己，因為她最常喊熱。以前我妹念專科學校時，宿舍離學校最遠，每天要騎機車上下學。不只要耗費油錢，甚至還要花買摩托車的錢，所以當然不是我花最多油錢。至於衣服、褲子容易磨破是事實，不過我可是一補再補，直到不能穿才買新的，這樣只花一點補的錢，並沒有常花到買新衣服的錢。事實上我花的錢，我用的東西實際上並沒有比較多。

我媽說，「沒什麼好解釋的，反正因為你胖，你還是用最多。誰叫你要那麼胖？」

我說，「好吧，可是如果這樣講，那有很多人都多用了很多，是不是都該死。譬如說，我們的平均年齡愈來愈高，平均餘命愈來愈久，所以這樣是不對的，因為在地球上活得愈久，表示會耗費地球的資源愈多，活得愈久用得愈多，沒有生產力的老人應該都是多耗用很多資源的人，這表示政府耗費很多資源提升公共衛生、公共安全、社會福利只為了讓大家可以好好地活下去，這樣的政策作為就是導致資源浪費，導致地球能源耗盡的最大元兇？難道真的『老而不死謂之賊』？還是誰叫他們要那麼老？

還有醫院更是一個糟糕的地方，如果沒有醫療來對抗各種疾病，那些本來應該死掉的人就不會繼續活著來耗用更多的資源，所以我們應該摧毀醫院以免讓這樣耗用資源的悲劇繼續發生。誰叫他們要生病？

還有，那些沒有生產力的身心障礙者應該都放到街頭去自生自滅才對，不然還要耗費更多的照顧資源，等同於耗費更多的錢。誰叫他們要有障礙？

還有應該把有錢人的財產通通沒收才對，因為有錢人常常一個人就耗費掉一百個一般老百姓所需要用的資源，且常還要有更多人要忙著服侍這些人。那有錢人通通都是有罪的，應該都要砍掉以絕後患。誰叫他們是有錢人？

還有那些做了一大堆沒有用的研究報告的學者專家，做的研究愈多，耗費的資源就愈多，結果沒什麼貢獻就算了，還領這麼多錢，那學校還有研究機構應該關閉，把那些教授、研究人員趕出去才對。誰叫他們要做研究？

還有……

有太多的例子告訴我們，如果按照這個邏輯推論下去，許多浪費資源的事情正在發生，許多人都會被當成耗費資源的兇手，但我們都知道，事情好像不能這麼說。可是為什麼事情落到胖子頭上時，拿胖子開刀就變成是一件理所當然的事？就像是以前一個故事說，有一個村落裡每當人變老時就會自動到山上去等死，不要變成後輩的負擔。一直到有一個年輕人不忍心將老人送到山上，偷藏在家裡的地窖裡，卻因而透過老人的智慧解決大家的問題。這時大家才發現，原來老人不是負擔，而是擁有智慧的人。能夠發現這件事，不只是單純的經濟考量，是需要智慧的。如果只是單純直線經濟的算計，怎麼能推算的出來『智慧』的價格呢？

所以囉，不能老是因為我胖就認為我會耗費太多的資源，要瞭解這樣的道理是需要一點智慧的。」

我媽聽我講完這一大篇之後說：「好吧，聽起來你好像還有點小聰明，不過你顯然沒搞清楚，我是你媽，你是我兒子，所以我會比你有智慧，懂嗎？要理解這件事是需要一點智慧的，看來，你還不夠……」

「啊？喔！……」

這個質疑胖子因為體重增加而導致耗用資源的經濟學觀點，我媽不用做研究就知道了，那你說耗用一堆資源做一些大家早就知道結果的研究，不是浪費是什麼？做這個研究才是導致地球暖化的一個原因吧。

用經濟手段所塑造的環境氛圍

用經濟手段來制裁胖子時有耳聞。過去也曾經發生過航空業者提議要胖子買兩張票才能上飛機的事情，理由當然是因為胖子會增加成本。但反過來當有許多東西的設計是胖子無法使用時，好像也不能要求要退費。

台灣SARS流行的那一年，因為大家怕感染所以避免到公共場所去。大型遊樂場在當時生意受了很大的影響，為了挽回頹勢，「劍湖山世界主題樂園」就推出了超低票價的方案，讓我們這群平常不願意花錢的人有機會到裡面去玩玩。當時我可是興沖沖地約了一堆人一起去，結果掃興地回來。

原因是這樣的：我們一進去後當然要先去玩一下聽說是最刺激的「G5飛天潛艇」，好不容易排隊排到，一群人陸續坐進遊戲機具裡，安全帶扣好，安全護具固定好。呃，等一下，我的安全護具放不下來，卡在我的肚子上，沒辦法固定。「先生，不好意思，這樣沒辦法坐喔。抱歉，要請你離開座位。」什麼，這是什麼意思？我花了錢排了隊，結果是「抱歉，沒有胖子的規格喔」。

接下來，我一路接受打擊。那個趴著玩的旋轉遊戲機，因為我趴下去之後沒辦法閉合，我只好又乖乖地下來。那個忽然往上拔高、忽然往下墜的「一柱擎天」，「限重九十公斤以下」，我連坐上去試試看的資格都沒有。還有我最想玩的雲霄飛車，安全護具我還是扣不上來，後來只好放棄了。既然這樣，那去搭摩天輪看風景總可以吧，結果是「維修中」。最後，我只能到兒童遊戲區去過過乾癮。

離開時我跟工作人員抱怨了一下，只見他用一種曖昧的表情說：「很抱歉，因為原先的設計就是這樣。」也並沒有要退費的意思。當時我就跟朋友說，這樣花了錢還不能玩實在太浪費了，我一定要減肥之後再來玩。咦，我好像被激勵到要來減肥，這是一種物理環境所環造出來的論述氣氛。

設計的經濟性考量是限制胖子行動的一大因素。不管是飛機上的座位、電影院座位，甚至遊樂場的設施，都要考量最大的經濟效應。所以胖子要獲得相等的服務就必須付出更多的經濟代價。例如，搭飛機就要坐商務艙，公車不好搭那就坐計程車吧。這就等同於用經濟手段來制裁胖子，也就是暗示了胖子，「胖」基本上就是等同於「不經濟」。在這個邏輯下，減肥本身就是一種經濟行為——那個號稱降低生活成本的「理性」選擇結果。

而放到國家政策來看，目前不管是衛生單位、役政單位都是用ＢＭＩ值來當作一項標準。因此為了有效管理國內的胖子的經濟手段可以是——

BMI值小於十八．五，稅金增加百分之十（太瘦的也要管一下）。
BMI值介於十八．五至二十四，稅金減少百分之五十（鼓勵正常體位的）。
BMI值介於二十四至二十七，稅金增加百分之十（有點過重的罰少一點）。
BMI值介於二十七至三十，稅金增加百分之三十（明顯過重要罰重一點）。
BMI值介於三十至三十五，稅金增加百分之五十（超過太多要重罰）。
BMI值大於三十五。稅金增加百分之一百（太過分了，要讓她／他知道錯了）。

這個建議不錯吧。不但可以增加國家稅收，還可以充分地警告胖子，讓胖子自己想辦法要減重下來。

你會說別鬧了，這怎麼可能？可是在我們的生活氛圍中，這樣的邏輯卻無所不在。女性主義在論及環境對女性不友善時用了「男造」環境這樣的語句來形容這個現象，看來我也可以用「瘦造」環境來形容胖子面對的氛圍。

3 胖子與病人

醫學已經進步到不再有人健康了。

——阿道斯・赫胥黎（Aldous Huxley）

胖是一種病——被發明的「胖子病」

疾病常常是社會建構出來的。

一九七四年，美國精神醫學會決議，不再將同性戀視為一種疾病，將同性戀自DSM中除名，於是許多人一夕之間就「痊癒」了。一九九三年，世界衛生組織將骨質疏鬆訂為骨質密度低於正常值百分之二十到三十五，或是低於正常值二・五個標準差以上，即稱「骨質疏鬆症」。而介於正常值一到二・五個標準差之間則稱為「骨質缺乏」，即骨質流失的前期現象。所以不管有沒有骨折，有許多人在一夜之間都變成了「病人」，變成需要被治療的人[11]。

好吧，我們活在身體被切割成為器官的世界裡，然後器官還要被檢視有沒有毛病。萬一器官沒毛病，那就會有一群自認為有判斷能力的人要想辦法「發明」一些新的毛病來要求大家上醫院、買藥品、吃保健食品，把每個人口袋中勞動的薪酬再賺走。「疾病分類」不再只是醫院管理、保險給付、醫療診斷的依據而已，它還變成每個人自我管理的標準，成為監控的論述基礎。這樣的疾病分類透過「專家」機制還在不斷的變化中，但與資本間的共謀則早是眾所皆知的事。

從這樣的運作機制來看，我們甚至可以說，「疾病」也是一種政治經濟產物。而「胖子」活在這樣的氛圍中，是一個「疾病化」絕佳的示範。

首先，胖本身就是一種病（病名是肥胖症），而胖又被認為與其他各式各項的疾病掛勾在一起（這些病包含了什麼糖尿病、高血壓、心臟病……）。看起來這似乎是一個統計上合理的歸納演繹，但架構在這個政治經濟文化脈絡中看待疾病的方式，結果就是不只胖是一種病，「胖子」也是一種病。這樣的關係指涉被發明而連接，結果是，作一個病人，便成了胖子的生物性原罪。所以，如果作一個病人要承受各種不同的要求與歧視，做一個「有病的胖子」大概就是極致了。

當我變成胖子時，我總是不斷地要被提醒「有病」這件事。還年輕的時候，我被「預告」成為這些疾病的候選人。我還記得高中時有一次上軍訓課的內容講到有關身體健康的議題，教官直接點名我，說像我這樣的胖子以後可能會有糖尿病、高血壓等，是健康問題的高危險群，要大家共同注意我的健康。結果當然搞得哄堂大笑，同學笑說以後每天要有不同的人監督我去跑操場。也就是，就算沒有任何實證的證據顯示我目前有什麼樣的疾病，但因為我是胖子，就必要跟一些疾病掛勾在一起，且還只能百口莫辯。

而當我被檢查出來得了這些毛病後，我更是被「監控」，因為胖，所以得了這些疾病是被認為「罪有應得」。一直到現在，我到醫院拿糖尿病的藥都還是一件小有壓力的事。為了進入健保局的糖尿病追蹤專案（好處是連續處方籤及各種檢查都免費），我必須每三個月抽一次血，檢查血糖、糖化血色素、膽固醇等，但只要每次數據不佳，醫生就要說：「該

11 尤格．布雷希著，張志成譯，《發明疾病的人》（新北：左岸文化，二〇〇四）。

減肥了，不然你就會如何如何。」那種感覺就像是訓誡一個不遵守秩序的小孩，而我就像是一個闖了禍、出了事然後等待救援的孩子一樣，只能聽完訓之後等醫生伸出援手（開藥）。

我是一個胖子，同時也有一些疾病在身上，就僅僅是這樣而已。

獵殺胖子

為了防止節節高昇的醫療成本，公共衛生政策中必須去防止各種被認定為帶來疾病的原因。過去台灣的公共衛生的確也有不錯的成果，例如肝炎防治、消除傳染病、對抗小兒麻痺、疫苗接種等。而當台灣進入了飲食生產與內容方式變化的年代，公共衛生的新任務變成了營養衛生安全的議題。這個營養衛生安全的議題關連著肥胖的議題。因而，以公共衛生的作法是，撲滅那個被認定的源頭。所以，「消滅肥胖」也就成了重要的邏輯與態度。但是敵人到底是什麼模樣，總該有個具體的辨認，「胖子」於是被指認出來當靶。

就以左頁的圖片來說，這是一個長期掛在東海大學海報欄中的衛教資訊。這個看板對「胖」提出了嚴重的指控，因為「萬疾『肥』為首，百病『胖』為先」，所以肥胖是疾病的萬惡罪魁，「指使」了糖尿病、高血壓、冠狀動脈硬化症等等的發生。末了還要套上一個「關心自己」的帽子——記得去量體重、體脂率，還要參加減重班。

這樣的資訊看板有沒有作用？我曾經在假日目睹一對男女（應該是夫妻）的對話，老公是個胖子，老婆就在經過看板時開始數落老公沒有控制體重，萬一哪一天得了什麼病就不要找她。只見老公悻悻然地不發一語，老婆則像是發現了什麼有力的證據一樣，愈講愈起勁。我的經驗則是，每次經過這個看板時都要快步通過，因為誰會在一個自己被指控為「罪魁禍首」的氣氛下還能自在？我當然要儘速離開，免得自己被莫名其妙對號入座。

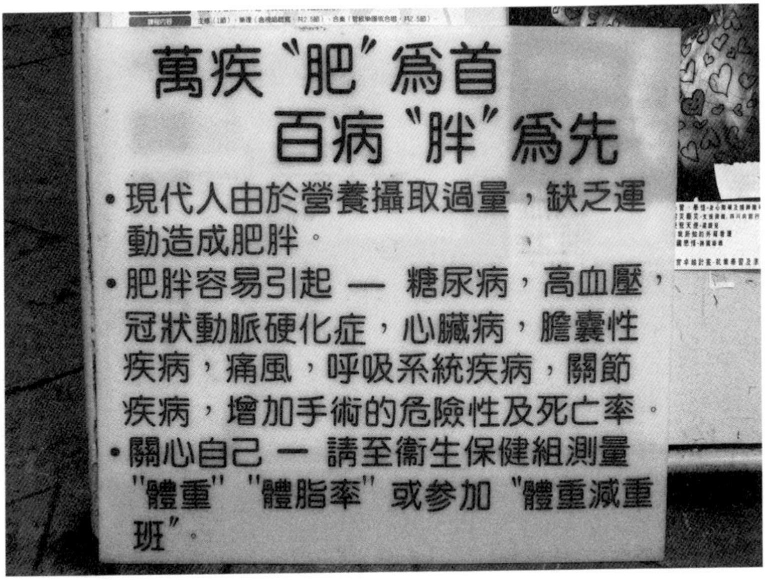

（東海大學衛生保健組的衛教看板，原掛於海報欄中，目前已取下）

這是一個胖子被「妖魔化」的過程。

有這麼嚴重嗎？就像是前一陣子國外的新聞說，為了防止兒童肥胖的現象繼續擴大，政府考慮要控告肥胖兒童的父母涉及兒童虐待。理由是兒童的肥胖導致兒童必須承受各種疾病的風險，而這樣風險的增加是基於大人沒有好好控管兒童的飲食行為，造成傷害兒童身體的結果，所以涉及虐待的事實。照這個邏輯，我們這些成人胖子都是自虐狂，沒有控管自己的行為造成傷害自己的身體。「胖」的意義又增加了一個「被虐待的結果」。這種種對「肥胖」的說法，不正是將胖子一步步推向「負面表列的總成」的結果？不正是將胖子變成要被消滅的標的物？「胖子」不正是那個該被消滅的呲牙裂嘴的怪物？

胖子在這樣的過程裡，成了人人除之為快的過街老鼠。於是，有不同的人要扮演獵殺妖魔的英雄，不管是政府部門、商業部門甚至是街頭巷尾的叔叔伯伯阿姨大嬸。「獵殺胖子」成了全民運動，我們這些胖子只有想辦法自保，或是想辦法讓大家知道「胖子」一點都不可怕。

與胖共處，與病共處

在我拿藥的診所，因為要辦理一個承接自衛生局的糖尿病團體衛教活動，找我去講了一堂

「糖尿病人心理社會適應」問題。會有這樣的主題，當然是因為架構在「病」上。既然我們都知道疾病有許多的社會建構部分，所以我將主題訂為——我們如何看待「病」？

一開始我就先自我介紹，我也有糖尿病，但我不會說自己是糖尿病人。我問在場的人說，這兩者之間有什麼差別？因為「病人」與「帶著病的人」是不同的看待的態度。「病」只是人生當下的一種狀態，不是人生的結果。「帶著病的人」描述的是一個人當下帶著病的狀態，但病人就是將病當作人生的結果，所以將「病」作為人的先行形容詞。這樣態度的差別引致的則是會將生活中出現的病如何安頓的差異。

在我們的文化中，最常看到的形容是將病形容為「病魔」，每次有什麼樣的疾病發生就會先慌亂了自己的生活。客觀上的確有些疾病會導致生活的重大影響，但是即使這樣，如何將發生的疾病安排進生活中，讓疾病也是生活／生命的一部分，卻是面對疾病以安頓身心的重要態度。疾病的發生與消滅，會改變的就是自己的生活方式。所以需要調整的，是看待病的方式，看待因為病的發生而帶來的生活的改變，並進而改變自己的生活。特別是像糖尿病這種需要長期因應的疾病，就將它當作是一個長期來拜訪的朋友，多了一個人生活總是得稍做調整，不然會有更多的摩擦。不需要將病當作是可怕的「病魔」，好像無時無刻要去對抗它，這樣自己不用多久就要耗盡。

而看待「胖」也是，它只是一個人生當下的狀態，這個狀態是有改變的可能，它不是人生的結果。所以我是一個帶著「胖」的人，不是「胖子」。這同樣牽涉到看待胖、看待自己的態度。也不需要將「胖」當作是一個要盡快消滅的東西與狀態。與胖共處，才是更健康的態度。寫到了這裡，我也開始看到那個在別人看待「胖」的眼光中受傷的自己，原來因為自己看待「胖」的方式是一樣的，所以那樣看待的眼光才能有效果。先從這樣對「病」、「胖」的看待眼光中「逃逸」，或許才是我的道路。

4 自我管理——一群沒有道德的人們

面對胖子有一種說法是，身體的形像是一種自我管理的反映。所以有一些因為疾病導致身體形象變化的人因為不能歸因於自己，所以還有值得同情的地方。但是如果因為沒有控制自己的飲食而導致肥胖，這種原本可以歸咎於自己沒有好好控制掌握的理由，那就不值得同情，而必須加以「撻伐」。如果還因為這種自我管理不佳的因素而導致社會上要因此付出其他的成本，那這些自我管理能力和態度不佳的人在道德上就是有缺陷的人，有道德上的疑慮。正所謂「天作孽，猶可違。自作孽，不可活」。

這當然是一個很有影響力的論述氛圍。

「自我管理」是一個有趣的議題。我們常常從新聞報導中看到一些端倪。例如，明知道颱風天還要去登山，結果受困於山上還要勞動各個公私部門出動上山救援。這是個人「自我管理」不佳的問題，所以要加以懲罰，把這些出動救援的成本由被救援者負擔。例如，明知道海邊風浪大硬要去釣魚，結果被風浪捲走，也要大家去救援。這也是個人「自我管理」不佳的問題，所以同樣要加以懲罰，把這些出動救援的成本由被救援者負擔。回到SARS期間，如果曾經接觸了高危險的傳染者或是曾經到可能的傳染地區去過，國家要求這些人把自己關在家裡做「自我管理」。在這裡，自我管理才不是「自己」管理，而是國家暴力逼迫下的一種不得不。這種自我管理是架構在國家權力以及社會恐慌輿論之下，快速地形成一種論述壓力，並成了一種懲罰的形式。

而如垃圾屋的問題（有一些人因為惜物而不將家裡的舊東西丟掉，甚至將外面撿回來的東西就堆積在家裡，結果導致家裡整間都是垃圾。雖然或許其中有些人可能有精神上的問題，但因為這些事情基本上只發生在私領域裡，最終也只能在等到影響了鄰居生活或是環境衛生等才能介入處裡），因為不影響到公共支出的增加，所以通常是被解釋為「有病」或是「自我管理」的能力有問題。

而這個「自我管理」的要求，進一步滲透到每個人日常生活中的細節。例如個人穿著是否乾淨整潔、身上是否有奇怪的汗酸味、是否有好的生活習慣、是否維持健康的體能狀態、是否保持好的體態、是否有運動習慣、是否吃了太多不好的食物、是否……，一項項的檢核標準用來檢視每個人的生活，並成為看待一個人的道德標準。

而胖子常常會被放進這個「自我管理」的道德框架中被檢視。曾經有一個朋友因為和我聯絡時我人正在「肯德基」享受炸雞，她就有了個印象——我都吃不健康的食物。所以有一次她跟我說我要多吃有機食物，因為我吃太多這些不好的食物，才會讓我這麼胖。天知道我是很久才去吃那麼一次。且她的提醒暗示的是，因為我的生活中沒有對我所吃的東西進行管理，才會讓那些不健康的東西吃進體內。

這個「自我管理」的道德要求，同時將身體的樣子與個人對自我要求的道德標準整合起來，在這樣的論說下，胖子變成一個不會「自我管理」的沒有道德的人。

5 論述的詭計／軌計

論述總是指涉了特定的對象，而這當然有特定意義。「任何一種言說都牽扯到某種對象，而且提出不利於其他言說的某種概念」[12]。這是一種「各就各位」的遊戲。「各就各位」意味著有一種力量與秩序，可以讓在這個社會秩序中的人想像與建構自己的位置與關係。所以論述的作用基本上有一種「詭計」的成分，讓妳／你被捕捉之後還不抵抗。而同時這也是一種「軌計」，要將捕捉到的東西放到既有的、該有的位置上去，要依著既有的軌道運行。「反其道而行」基本上仍在其道上，並沒有逸出。

12 麥克唐納著，陳墇津譯，《言說的理論》（台北：遠流出版，一九九五）。

而對「胖子」——這個因著外顯身體形式而來的形象分類論述「詭計」會有下列的方式：

詭計一：胖子是不好的

胖子之所以可以是一種罵人的話，是因為有一種論述方式是認為胖子是不好的。這是最普遍常見的。

「當我讀小學的時候，『肥胖』這兩個字變成了一種武器；女孩們用它來互相攻擊傷害彼此，它也是男孩子用來拒絕女生最糟糕的理由。『肥胖』這兩個字具有很強大的殺傷力，沒有人希望自己和它沾上邊……『肥胖』這兩個字可以代表很多意思，不受歡迎、骯髒、醜怪、愚蠢、懶惰、不討人喜歡、還有失去控制」[13]。在《我看起來胖嗎？》（Do I Look Fat in This?）這本書裡，作者認為有一種很有殺傷力的「肥胖語言」，這樣的肥胖語言已經變成一些其他負面情緒總合的代名詞。所以當有人問：「我看起來胖嗎？」的意思等同於「我今天過得糟透了」、「我覺得很沒有安全感」、「我需要別人的關心」、「我覺得沒有人愛我」……。所謂「肥胖語言」成立的原因，在於「肥胖」基本上是不好的。

從生活經驗來看，不管是日常生活的對待關係，電視、報紙裡的各種廣告所形成的印象，電視戲劇的情節安排，各種教人如何讓體態輕盈的書籍、雜誌，早就有一種大家習以為常的「認為」，胖子作為那個負面的標準，透露的就是「胖子是不好的」這樣的訊息。回想我過去看待「胖子」的態度，也是架構在這個看待之下。

詭計二：胖子是好的

為了與「胖子是不好的」這樣的概念相抗衡，論述上也發展出「胖子是好的」這樣的敘說。「胖妹會用寬鬆的衣服把自己遮起來，理直氣壯的胖妹則會大方展現傲人的乳溝」[14]。在《我不瘦，我有話要說》(The Fat Girl's Guide to Life) 這本書裡頭，作者雖然宣稱「我已經知道我在生理和心理上都沒有毛病。我就只是胖而已，就只是這樣而已」，但是在她的強調裡，「胖得理直氣壯」是一個重要的態度，因為她說：「如果無法擺脫肥胖，那就不妨把肥胖最美好的一面呈現出來吧。」這看起來是一種行動之後的反應。這個行動是「擺

13 潔西卡・韋納著，何佳芬譯，《我看起來胖嗎？》（台北：高寶國際，二〇〇七）。
14 溫蒂・仙克著，陳雅汝譯，《我不瘦，我有話要說》（台北：商周出版，二〇〇七）。

脫肥胖」，透過企圖擺脫肥胖的過程來發現「擺脫」的不可能，並進而發展出用現在的模樣來因應的姿態。所以這個姿態必得去發展出「胖子是好的」這樣的說法來支撐。

所以諸如「胖妹比瘦妹更能享受性愛」[15]這類反過來強調「胖是好的」的說法，或許某個程度上能夠讓這些擺脫不掉肥胖的胖子重新建立自信的機會，而建立自信這件事情卻是往下發展更豐富的自我所具備的前提。因此策略上來說，如果是為了要建立胖子的自信心而發展出這樣的說法，或許還是情有可原。就像是我一開始被帶著念女性主義時，當時一個重要的議題是有關女性身體的自信，這個議題來自於對美容瘦身整形產業的批判。但帶我們唸書的學姊有一次在讀書會說，如果是為了建立女性的自信，她其實是贊成女性去隆乳的。如果因為隆乳能夠將自我的形象建立起來，那才有機會再發展更深層的自信，才能建立對自己身體的正向看待。那時對女性主義一知半解的我實在無法理解這是什麼，只能用我們念的資料來反駁這樣的講法。

現在我知道這種沒自信的狀態對人的深層影響。因此，我也同樣同意，如果一個沒有自信的胖子，建立自信的方法是要減肥下來，那我會鼓勵就去減吧，去參加減重班，去加入減肥中心吧。如果擺脫不了肥胖的命，那就把肥胖最好的一面呈現出來，好好地做一個理直氣壯的胖子。先找到胖子自己的自信，我們再來談要不要對抗論述。

當然，不管這樣「胖子是好的」的宣稱是不是有什麼策略性的作法，但這個論述重點還是圍繞著「胖子」打轉。萬一有天變瘦了，那這樣的宣稱是什麼？如果理解胖、瘦都不過是人生身體的其中一種狀態，這樣的狀態某一天都可能是自己身體的樣子，那不管宣稱好壞都是無謂的。

詭計三：瘦子是好的

「瘦子是好的」這個命題也幾乎就是「胖子是不好的」的對向命題。瘦子常常被拿來當作是一個身體的典範。「瘦子到底有什麼地方值得我們見賢思齊？」[16]在《那個叫小胖子的我，掰掰！》（MOPPEL-ICH, Der Kampf mit den Pfunden）一書中，其中一個章節是〈學瘦子，做瘦子〉，提到瘦子怎麼用意志力控制自己進食，瘦子用什麼樣的技巧讓自己吃少

---

15 同注14。
16 快樂蘇珊（Susanne Frohlich）著，藍曉于譯，《那個叫小胖子的我，掰掰！》（新北：木馬文化，二〇〇六）。

一點，瘦子如何隱瞞自己吃得少的事實以便讓別人吃多一點，瘦子如何有效減低熱量的吸收。瘦子怎麼把吃弄成一種儀式，悠閒又享受的饗宴，而這樣的態度會自然而然讓人想採用高品質的食材，這暗示著瘦子總是高級的。瘦子喜歡動個不停，老是處在活動中，以消耗熱量。

這種認為瘦是好的論述也是普遍而常見的，所以瘦子變成一種追尋的目標。

詭計四：瘦子是不好的

曾經在國際模特兒界引發因為一窩蜂追求身材纖細而導致厭食症的新聞，這逼得各模特兒公司下令要求模特兒的ＢＭＩ值低於一定的標準將不得上台，希望可以盡快停止這樣的風氣。這樣的訊息傳達出，不是只有瘦就是好的，瘦也有可能是不好的，特別是瘦到大家不喜歡。

在這個以外顯身體形象評斷一個人的社會，我們常會以身體形象的好壞來評價一個人的種種。只是，這樣的評價過程並沒有太多依據，卻是每個人觀看自己以及觀看別人的方式。

我想說的是，胖、瘦不過是人生當下的一個樣態，就是這樣而已。不用胖得理直氣壯，也不用瘦得驕傲，只需要好好地活得理直氣壯。就是生活而已，這是在胖瘦之外的。「我僅僅只是一個胖子」要說的是「我僅僅就是這樣的一個人，不用再為我扣上這麼多的帽子與包袱，我也不用再把這些當作我的包袱」。

6 面對論述的可能性是什麼？

「論述」是一個隨時變化的捕捉器，論述有效的方式是，妳／你自己就符合了它要的形式，所以妳／你被捕捉了，所以妳／你就進入的那個論述的邏輯，所以妳／你就變成論述的一部分。論述是會變化的，沒有固定的形狀與方式，就看有多少內容參與進這個論述的遊戲中。

正因為這樣，抵抗論述的可能至少可以是「讓它捉不住我」。

胖子的身體裡住的是誰的靈魂？

陳芳明在法農（Frantz Fanon）著名的《黑皮膚，白面具》（Peau Noire, Masques Blancs）書裡的序中寫到一個小故事。法農在巴黎時已經會說流暢的法語，是法國社會裡所尊敬的心理醫師。有一天他在巴黎街頭散步時，他聽到一個法國小孩對他說了一句簡單的話：「髒黑鬼。」經過長期培養起來的尊嚴，全然禁不起如此一句鄙夷的稱呼。他的文化價值開始崩解。對法農來說，文化是個白色的面具，黑皮膚才是生命的實相[17]。

就是那一句「髒黑鬼」，如同一把深入腦髓的刀，讓人看到自己的真實。而這樣的效果在一句「死胖子」時，也同樣讓我如身中雷電，讓我知道自己宣稱的自信並不真實，開始想要探知我自己的生命實相。

對我來說，胖與瘦之間當然遠沒有如同法農感受到黑與白之間那樣強烈的斷裂。但是我所思考的是，為什麼這樣的論述對我有效果？為什麼我會在這些論述中對號入座？為什麼我會很輕易地知道這些論說是在攻擊我，而我很快就棄械投降？那個在論述中的我究竟是何種模樣？

「從我靈魂最黑的部分，穿越暈影地帶，有種突然變成白人的慾望將我升起。我不要被看成黑人，我要被看成白人。那是黑格爾也未曾描述的承認。」法農如是描述。那個無法不承認的慾望，是最真實的生命。

我一直都知道而不願意承認的，原來從我靈魂最胖的部分，我欲求想要變成瘦子。我不要被看成胖子，我要被看成瘦子。在我的胖身體裡面其實住著瘦靈魂，我認同瘦子的一切美好，所以我會輕易地讓這樣的論述捕捉，我會那麼輕易地受傷。只有先承認了這一點，我才可以透過宣稱我是一個胖子，才重新找到那個胖子的靈魂。

可是，就算是有了胖子的靈魂，論述這個捕捉器一樣會抓到我，因為胖、瘦原本就都在這裡面，那麼我不要被捕捉的方法可以是什麼？我有機會不被捕捉到嗎？

對我來說，原來這個「宣稱胖子」是為了要「捍衛胖子」，要找到那個與瘦子不同的胖子的靈魂。而「捍衛胖子」其實是為了「製造斷裂」，製造那個在胖瘦之間的斷裂，製造斷

---

17 弗朗茲．法農著，陳瑞樺譯，《黑皮膚，白面具》（台北：心靈工坊，二〇〇五）。

裂之間必須要承受真實的痛苦。而「製造斷裂」則是為了「重新建立」自我，透過斷裂的隙縫中看到生命再生的可能。這個「重新建立」的過程就是我逃逸的過程、我理解的過程、我看見真實的我的過程。

這個重新建立，不是重新建立胖的我，而是理解在這個論述之外的「我」。胖、瘦根本已不是真正的問題了。胖、瘦只是一種人生的狀態，那我根本不需要這樣的認同，我就只要是我，就這麼簡單。

第四章 / 我的身體・胖子的身體

所以我總是喜愛 肥胖的女人
她們敢穿 紅色迷你裙
因為她愛自己的女兒身

——葛羅莉亞・史坦能（Gloria Steinem），
〈我希望成為一個穿著不得體的老女人〉[1]

過去我經常做一個夢。夢裡的場景是一個很大的防空洞，大概是黃昏時，光線顯得金黃而柔和，讓防空洞裡的青苔與斑駁的痕跡都有一種金黃色的溫柔，讓那個偌大而空曠的場所顯得可愛。這個夢不斷地在出現，一直在有一次瀏覽著澎湖的旅遊資料，忽然看到西台古堡外觀和內部的照片，我心裡突的一下，原來是這裡，我夢裡面不斷出現的防空洞原來就是西台古堡，五歲時到過澎湖的那些記憶慢慢地浮出來。之前我知道在我五歲時曾經跟爸爸參加他們的員工旅遊到過澎湖，但是到底去過哪裡我一點記憶都沒有。而在這個與夢境相符印的過程中，我找到那個想不起來的記憶。這個夢境中的西台古堡是我記憶的引子。從此以後我就不再做這個夢了。

我也經常做一個夢，是惡夢。夢裡的我應該是個國中生。我走出教室想要去上廁所，發現教室外面的走廊邊站滿了女同學，大家正你一言我一語的聊天，但是看到我出現時，大家突然一片安靜，然後開始對我指指點點，接著開始爆出一片大笑。我正納悶有什麼好笑時，低頭一看，原來我穿了一身緊身衣。我看到我那肥胖的手臂在緊身衣的束緊下變成像蓮藕般一節一節的；我看到我脂肪堆積的胸部，緊貼著衣服突出來，就像是女人的乳房一樣；我看到我的肚子，圓滾滾地突在我的最前方；我看到我的大腿因為肉多而緊靠在一起相互摩擦，我的兩條腿看起來就像是米其林輪胎的輪胎寶寶標誌，一圈一圈的；我看到我的屁股，渾圓而碩大，就像兩個貼在牆壁上的壁燈。我看到原來我是一個穿著緊身衣的胖子，就好像是裸體一樣。女同學們的訕笑愈來愈多，每個人都對我指指點點、捧腹大笑。我感覺非常羞愧，只想趕快通過。但愈往前走要下樓梯時，發現有更多女同學等在那裡，她們不只嘲笑還發出更多的評語與咒罵，「死胖子，這麼醜」、「胸部這麼大，你是男的還是女的？」、「你的肚子到底是懷孕幾個月？」……聽到更多咒罵，我更是緊張而不敢反駁，只想趕快掙脫這個令人不快的地方，但是嘲笑與咒罵我的人好多，我掙脫不了，我連滾帶爬跑進男生廁所，躲進廁所裡不敢出來，但是嘲笑與咒罵聲仍在門外……。然後我嚇醒了。

每隔一陣子我就會做一次這個夢。後來我慢慢明白這個夢的意思。其一是我的「贖罪」。國中時我們一群男生常常站在走廊上觀看著經過的女同學，順帶品頭論足一番。如果當天

---

1 此詩原名“I hope to be an old woman who dresses very inappropriately”，收錄於 Gloria Steinem, *Moving beyond Words*, New York: Simon & Schuster,1993.

有什麼特別的裝扮，更是要呼朋引伴出來共同觀賞，絲毫沒有想到那些被觀賞的女同學的感受。這個在夢裡出現的那種被觀看的困窘，是對我過去行為的警惕與懲罰，是我逼自己也要感同身受的結果[2]。

另一則是我害怕面對我的身體。我不是沒看見我的身體，不是不知道我的身體是胖子的身體，只是我害怕面對這個身體，面對這個讓人嘲笑與咒罵的身體。因為我也曾經這樣嘲笑與咒罵女胖子，因為我對這樣的身體同樣厭惡。只是我是一個男性，我從未被這樣公開對待，我也不用被逼著承認：「是的，我厭惡我的身體。」所以，我很不願意談論我的身體。

但是，事情不是你不談它就會不見，就會沒事。我一直都知道，所以這個夢每隔一陣子就會出現，就像是一個揮之不去的幽靈，逼我得要想個法子來「對付」它。「身體為自我提供了潛在的界線，它不但展現了每一個個體的獨特性，也是差異標誌的提供之處」[3]。好吧，身體的確就是我作為一個胖子最明顯的界線，身體也帶給我異於他人的經驗。我有很多不同的經驗是因為這個胖子的身體，所以既然我要寫我胖子的故事，那我就不得不地要面對我的身體。

因而，書寫我作為一個胖子的故事，我的身體就是我的田野。

1 發現我的身體

葛羅莉亞・史坦能在《內在革命》中提到一段她自己的經驗。她說，「走在擁擠的東京街上，我突然發覺自己感到安全而愉快；處在一個如此不同於美國的國家裡而有這樣的感覺，實在非比尋常。後來我瞭解到了它的根本原因：生平第一次我比街上大部分的男人還高。」這個因為比男人高所帶來的經驗，是讓她自己感到安全而愉快。這是一種身體經驗，是一種藏在身體裡的自我感。這是她身為女人的經驗。透過她的描述，我也想到我的

2 王浩威在《台灣查甫人》一書中描寫到，當他聽到女性友人看棒球時喜歡買外野的票，因為在那個角度可以好好欣賞職棒選手健美的臀部。他的感覺也是一陣困窘。因為在過去的經驗裡都是男人觀看女人的身體，因為過去經驗的「天經地義」，會讓男人錯以為女人看不見男人。

3 Woodward, Kathryn 著，林文琪譯，《身體認同：同一與差異》（台北：韋伯文化，二〇〇四）。

經驗。

走在游泳池畔邊，我突然發覺自己感到羞愧與不安。在這個大部分人都只穿著泳裝的場所，我覺得我是如此與眾不同而吸引其他人的目光。我知道這個原因是，我比其他大部分的人要胖，而且是在只穿著游泳褲的情況下，我的身體與眾不同的地方是如此明顯。這樣因為胖帶來的不同所吸引的是那些個好奇、厭惡、嘲笑的眼光，讓我感到羞愧與不安。

我不喜歡拍照

整理照片時，發現了一個有趣的現象。小時候照像是一件不方便的事，但是為了留下記憶，還是想盡各種方式拍下來。所以家裡有許多小時候的黑白照片，因為小孩子太可愛啦。

國小時的照片也挺多，那時傻瓜相機已經出現，只是底片及沖印費用都還是一筆負擔。家境比較好的國小同學，就會隨身攜帶傻瓜相機，當時還會很高興的要大家一起拍照。所以國小時的照片比較多，且大概都是那種歡樂時的照片。到了國中，因為導師帶我們到台灣各地去旅遊，那時我還算是一個「勻稱」的胖子，拍照起來還不會太難看，所以我還是很喜歡拍照的。在我的照片裡，國中時期的照片應該是看起來最快樂的。

高中開始我變得不喜歡拍照。因為拍照所顯現出來的，是我身體的樣子。當我看相片時，是讓我變成那個照相機的鏡頭來看自己，我對自己身體的樣子不滿意，我不願意這樣連我都不願意欣賞的自己變成可以流傳的「證據」，所以我變成不喜歡拍照。

從高中開始我的照片就變得很少，有的照片大概有幾類。有的是站在邊邊，讓人比較難注意到；有的是站在大家的後面，把我的身體擋起來，只有看到一顆頭；不然就是朋友從旁邊偷拍的。

我記得大學時期有一張照片，是當時社團辦營隊我在解釋接下來要去訪調的路線及相關注意事項，趁我在解釋時朋友從側邊拍的。這張照片剛好可以將那個「不修邊幅的胖子」[4]的樣子一覽無遺，這張照片沖洗出來後也讓大家拿來當作「奇聞共欣賞」。這是讓我覺得很「丟臉」的一件事。

另外一張是剛考完大學我跟一個同學騎車到墾丁去玩，我們在佳樂水的步道走，他從我背

---

4 參考第一章我對中央大學時期的自己的形容。

後拍照，這張照片的角度等於是看到我背後的樣子。一方面這幾乎是我很少看到自己的角度，另一方面從背後看我的樣子還真是不好看，所以這張照片一直被我藏在最下面。而大部分的團體照我都在最後面，然後在兩個人的肩膀中間出現一顆我的頭。一方面也是因為我體型龐大，拍照時我都自己乖乖排到最後，才不會擋住其他人。另一方面，這樣剛好可以擋住我的身體，不會在相片中被看見。

一直到交了女朋友，我這個不喜歡／不願意拍照的習慣受到了挑戰。一般來說情侶們總喜歡在各種時候拍照留下來當紀念，因為我的不願意，雖然我們一起去過很多地方，卻沒有留下什麼可以用來說故事的照片。淑英一直抱怨說她都沒有什麼我們一起拍的照片可以拿給朋友看，每次看到其他朋友秀出那些相片時她就非常羨慕。有一次我們又準備要到某個地方遊玩，出發前她準備相機說這一次我們要拍一些照片回來，我當然照例說，「妳可以拍景色，我也可以幫妳拍，可是不要拍我就好了。」她一直追問我為什麼不喜歡拍照？我說，「因為拍起來不好看。」她說了一句：「你不是不喜歡拍照，你根本是不喜歡自己。」不喜歡自己？沒有啊，可是……不過，好像真的是這樣耶。過去我一直在躲避那個要面對自己身體的時刻，但是這個「不喜歡自己」的指控，卻逼我必得要去重新思考那個我如何看待身體的問題。我躲避了我如何看我的身體這件事，本身就是一種對自己的忽略。我不敢好好看我的身體，顯示出的是我連認識自己都還沒有，要怎麼喜歡自己、愛自己？這個逼迫讓我重新「發現」了我的身體、重新面對我的身體。

「為什麼培元不用穿胸罩？」

另一個曾經讓我想過我的身體的經驗，則是直接被點名當成示範。

在我中央大學大一升大二的那年暑假，全國學生運動聯盟為了訓練各個學校裡的學運社團新生代，特別辦了一個「萬金石核能電廠訪調營」，在核一、核二所在的萬里、金山、石門地區進行有關當地居民對於核能電廠就在附近的觀感及對核能發電的態度調查。這個營隊總共有七天，前兩天安排一些相關的課程，之後則是安排掃街，到各街戶去做隨機的訪調。每天晚上還要針對當天訪調的內容進行整理與討論，忙得不亦樂乎。

這個營隊除了讓我對訪調的內容（包括當地的生活形態、當地人對核能發電的看法、當地過去的歷史如二二八及正好碰到的中元節）、訪調的方法更深入理解外，讓我學習更多的則是學運社團裡／間的組織運作，及那些可以被討論的議題應該被談論的方式。那是一種

「政治正確」的學習。

當時女性主義應該算是一個在學運圈裡方興未艾的議題，各校陸續成立女性研究社團，而在一般聚會的場合裡這樣的議題都會被提及。在營隊裡有一些自由時間，主要是要讓每個學校社團間可以相互認識聯誼，以提升組織間議題合作的可能。有一次聊到了各校如何在校園裡討論有關女性的議題，大家交換了有關女生宿舍門禁的意見，另外又談到有關女性的身體。

當時有關女性身體「我的身體我決定」的談論是很重要的論述，包括女性被要求穿內衣這件事，都有另一種論述。有一個外校女同學談到自己對於穿著胸罩的不愉快經驗，她認為，要求女性穿內衣的焦慮來自於男性對將女人當作自己私密的財產，而自己私密財產的樣子當然不能隨便讓人看到。所以即使穿著胸罩是不舒服的，到後來女人也會要求自己要穿，不論自己的乳房大小。有人問到內衣可以防止變形，她說，「那這樣應該是功能性的穿著，所以只要那些有變形可能的人都應該要穿。可是只要是女人，不管乳房多大，甚至是平胸的都會被要求穿，所以『防止變形』的這種說法根本就是騙人的。不然那些胸部大的男人，為了防止變形應該也要穿胸罩才對。不然培元的胸部那麼大，為什麼他不用穿胸罩？」

當時我當然是一陣困窘，因為我的身體被注意到了，且我感覺是用一種被「撕開衣服」的方式被談論。但這個談話也讓我想到我的身體。

首先，我們只是要求女人要對於突出的身體部分要穿上可以遮擋的內衣，甚至還要跟著制訂罩杯這種分類大小的機制，然後還要美其名防止胸部下垂、外擴，甚至透過內衣來讓尺寸變大。那為什麼男人沒有所謂的「陰莖罩」？我們應該設計附有各種尺寸陰莖罩的內褲供男人選擇，女人在看男人時也可以根據此一尺寸作為基本資料。

過去在談論女性的身體時，女性主義者提出鼓勵女性用鏡子看自己的陰部，主要是希望女性可以敢於觀看自己的身體，所以如果性是大家最不敢面對的，那觀看自己的陰部就是「驅邪除魅」的開始。這樣面對自己身體的主張，對我這個剛剛進入閱讀女性主義的人是新奇的，我總是用同樣的方式鼓勵身邊的女性友人，好像我已經對我自己的身體非常熟悉一般。天知道，不敢面對自己身體的不只是女人，還有我這個胖子。我也不是沒碰過有人談論我的胸部（身邊一些熟識的女性朋友想到時就會來一句：我覺得你的至少有A罩杯耶），但是我還沒有經過那個觀看自己身體的過程，也讓我對這樣的談論並不自在。於是，我要找到那樣自在的自己，我必得要面對我的身體，我必得要「驅邪除魅」，必得要重新「發現」自己的身體。

被監視的身體

每次進電梯時，我都會有一種奇異感，特別是人多的時候。當電梯即將要擠滿人時，後面進來的人都會擔心是不是會超重，電梯會不會叫。如果當時我是在電梯外面，通常我會直接放棄。如果我是在電梯裡面，總會感覺有人看著我，好像我占了別人的名額。看看電梯裡的標示：載重十二人，限重八百公斤。也就是說每個人平均只能有六十六．六七公斤，所以我占了兩個人的名額，在他們的正常預設之外。這個「占了別人的名額」的想像，讓我每每在電梯裡就有那種被監視的疑慮。

電視上的健美選手正展示著苦練多時的倒三角形身材，全身肌肉線條緊繃，沒有一絲贅肉。這是人類身材的極致表現。不那麼極致，那電視上的藝人們總是有著一個基本的身材模樣，這種透過傳播來建立的身體意象，會形成一種內化在每個人內裡的理想體型，如果客觀的體型與內化的理想體型差距過大時，就會出現批評與低自尊的現象[5]。而我這個正三角形的身材與理想的體型正好呈現了顛倒的樣子，所以我接受著來自於外在言語的批評及批評的眼光，同時這些批評為了有效果，也認為我應該要為這樣的狀況接受批評並有著低自尊。這是我的身體被監視的後果。因為我是超出常規的，我是違反規則的，所以我必須要接受監控。這種被監視感常常就在日常生活中一句「該減肥了，不然你會怎樣怎樣」、或是「不要再吃了，不然會肥死」、或「唉呀，最近又變胖了」的時候出現。因為太多人對於「胖」、對於「吃」進行著自我監控，同時也用同樣的一套標準監視著其他人。

對於身體的改造，則是永不停止的人類「文明病」。因為科技的發明讓更多的改變變得可能，所以我們要變白、要變苗條、要頭髮多、要性器官大……愈來愈多的細部改造，讓身體改造的慾望可以無窮盡的滿足與擴大，然後變成身體改造的焦慮。而這個焦慮的擴大也觸及：怎麼樣的身體值得／應該被改造？而胖子的身體永遠是一個值得被改造的話題，所以我們總會看到有哪些藥物又被發明出來為了減重、有哪些方法可以讓妳／你快速減重、

---

5 Grogan, Sarah 著，黎士鳴譯，《身體意象》（台北：弘智文化，二〇〇一）。

有哪些人又成功減了多少重量……，這種要改造胖子身體的慾望轉變成全面性對胖子的監控，以便在需要時讓胖子現身。

所以「老大哥」正監視著我這個胖子，我變成「全民公敵」下那個無時無刻不被監看的人。在這被監視的氛圍下，被召喚出現的卻是我的身體。因為不論是同意了那樣的監視，或是要發展抵抗的眼光，我都必須去檢視這個值得監視的我的身體，重新「發現」我的身體。

2 不正常——胖子作為一種殊異的身體形式

胖子的身體是個「不正常」的身體。這個「不正常」在胖子被稱呼為「胖子」時就已經是理所當然的存在。這樣不正常指涉的當然不只有在「生理的」胖子，還有「社會的」胖子、「文化的」胖子、「心理的」胖子。由是，這個透過身體辨明的不正常，成了一種全面性的界定。「當正常與異常成為界定個體、檢驗認同的人格範疇，問題也就全然在於找尋異常原因的病因學（etiology）了。病因學的問題意識，本身就是個被視為當然的常態化政略（politics of normalization），卻同時是個掩埋其他政略可能的鐵丘墳」[6]。這個正常／不正常的判別底下的思維，是一種慾望，一種將世界「純化」的慾望。

「大摳人，小摳爛」

國中時男同學間會玩一種互相摸生殖器官的遊戲，有的是碰一下就走，但是有幾個同學則是會玩到對方勃起為止。當時這個風氣很盛，幾乎每個男同學都無可倖免。我記得有一次因為剛剛午睡起來，我到廁所去洗臉，剛好一個要好的同學也要到廁所洗手台去洗臉，所以我們交錯而過。那時我突然想到要跟他開一下玩笑，就摸了他一把。大概是因為剛睡醒，沒想到他勃然大怒，大聲地咒罵：「大摳人，小摳爛。你是沒有才要摸別人的嗎？」我當時是被罵得莫名其妙，而感到灰頭土臉，但我第一次聽到「大摳人，小摳爛」這一句俗語。白話文的意思是說，胖子有著小的生殖器官。可是胖子不是什麼都大才叫胖子嗎？為什麼會有這樣一句話出現？我問了幾個同學對這句話的解釋，大家都不約而同地曖昧地

6 朱元鴻著，〈從病理到政略：搞歪一個社會學典範〉，《台灣社會研究季刊》，二十四期，一九九六。

笑說：「對呀，胖子其他的地方大，就是只有生殖器官小。」這讓我愈來愈覺得丟臉。這是一種奇異的形容，好像胖子是一種奇怪的動物。我的身體是一種奇妙的組合，從外觀上來看，每個地方都比別人要來得大，可是只有生殖器官被形容為比別人的小。看來這還不是比例放大的身體，而是一個不正常比例的身體。

彌勒佛的魔咒

彌勒佛是我最常被形容的樣子，是我逃脫不了的「魔咒」。

小時候爸爸常常帶我們到嘉義竹崎的清華山去玩，那是一個禪寺，出家人修行的場所。在清華山入口有一座大大的彌勒佛坐姿銅像，在我還沒有變成胖子時，每次都會被抱上去彌勒佛的銅像上拍照，大人就會要我摸著彌勒佛的肚子或是坐在彌勒佛的肚子上。小時候覺得彌勒佛真是一個親切的神明，不像其他神明正經八百地坐著或站著，臉色莊嚴肅穆。只有彌勒佛是笑容可掬、和藹可親。後來在我變成胖子後，有一次跟同學騎著車子又晃到清華山去，我看到小時候覺得很大的銅像變小了，同學要我跟彌勒佛一起拍照，因為我很愛笑，體型也很像彌勒佛。我欣然同意，因為小時候美麗的回憶，我也正想重溫舊夢。

那一天一起去的同學是從小學習素描、畫畫。拍照完後，他突然說，「你知道嗎？如果從人體的比例來看這個彌勒佛的雕像，其實是很不對稱的，因為他的肚子幾乎將他的下半身遮住，意思就是他的肚子已經大到不像話了。如果這是一個真的人的話，那他站起來應該肚子會非常挺出來，這是一個不正常的比例。」所以從這個人體比例的觀點來看，胖子就是一個不美觀的身體，是一個不正常的身體。

「科學」檢視下的不正常身體

在科學的眼光下，胖子的身體是一連串「意外」造成的結果，這樣的結果是一種不正常的綜合展現。

首先，人體的攝食與消耗有一定的規律，如果是按照這個「自然」的規律，那照講應該要有平衡的結果，就是一個發育正常的身體。但是如果這之間失去平衡，那就會造成不正常的結果。胖子就是一個因為脂肪不正常留置身體內及不正常堆積下的產物，胖子是一個在新陳代謝不正常下的結果。

而這個不正常的身體有沒有變成正常的可能？有，透過現代醫學的施為，不論是將肥胖當作一種疾病，因而發展出來的各種藥物或手術治療；或是將肥胖當作一種身體上「突變」的美容整型醫學，將身體切割為零碎的器官組合，然後稱斤論兩地進行「身體正常化」改造工程，都一再告訴我們，可以幫助我們將不正常的身體邁向正常，邁向快樂的人生！

在這種科學的檢視眼光下，胖子的身體被看待的方式與身心障礙者的身體有著非常類似的經驗[7]。因為這都是一種不正常，都是一種現代科學以為可以找出各種原因的不正常。科學可以是「除魅」的標示，但同時也可以是「再造魅」的來源。

這麼好看的胖子

大學時，我是一個不修邊幅的胖子，但即使如此，還是有人說，沒看過這麼好看的胖子。

大學參與社團的運作，花了我很多時間與精神，所以與社團裡的人交情都很深。當時學長姊們在學校外面弄了個茶藝館，要當作運動的「基地」，我也很積極地在協助茶藝館的運作。也因為有這個基地，過去畢業的社團學長姊有機會回到學校時有一個暫時落腳的地方。有一個剛退伍的學長因為正在找工作，所以暫時就到茶藝館來，順便帶一下學弟妹。當我們愈來愈熟之後，有一次他突然說，「沒看過像你這麼好看的胖子。」好看的胖子？

還沒有人這樣形容過，那難道胖子都不好看嗎？

我問學長說，「所以你的意思是胖子都不好看嗎？」他誠實地說，「對，因為胖子的身體看起來就有點像是『變形』的結果，所以大部分的胖子都不好看。但是在胖子群中你算是好看的。」好吧，原來我算是變形群中沒有完全變形的，或是變形得比較接近「正常」，才能登入好看之列。這種有關「變形」的預設，是將胖子的身體置放在一個「非正常」的邏輯中來考量。

胖子可不可以性感？

性感好像從來都不是用在胖子身上的形容詞。

我有一個很要好的同學，我們認識時她已經開始發胖，但她說她在讀五專時身材是苗條的，長得很可愛，班上超過一半的男同學追過她。如果從發胖年齡來看，這應該可以將她歸類為「中途致胖」的類別。畢業後的這幾年因為她又引發了一些疾病，而這些疾病又會

---

7 陳惠萍，〈常體之外——「殘障」的身體社會學思考〉，東海大學社會學研究所碩士論文，二〇〇三。

讓她更容易發胖。有一次我們聊到有關身體的話題，我說我覺得她算是很性感的，只見她不以為然地說：「放屁。」我問她，難道沒有人這樣形容過她？她說，在她還瘦時有人講過，但是發胖後她就不走這個路線了。

這個談話讓我想到，我們對於「性感」身體的想像，基本上只在於那些苗條的身體，那些纖瘦的身體，將「性感」的形容放在胖子的身體上根本就是一件不正常的事，或是說，胖子的身體根本就不應該在「性感」所包含的範疇之內。所以連胖子自己都不敢想像自己會被形容為性感。這種限縮自己身體可能的樣子，在胖子身上是很容易觀察到的。也因為總是面對那種對自己身體負面觀感的氛圍，讓胖子不能「正常」地看自己的身體。

體型

體型是一個胖子最容易被識別的特徵。我們常說體型婀娜多姿的身體是「葫蘆型」，腹部肥胖的叫「中廣」身材、不倒翁，下半身肥胖的是「西洋梨」，上半部特別粗大的是「超人」身材，還有屁股特別大的、小腿特別粗的、大腿特別肉的，這些不同的樣子，原本是每個人之間不同的差異，但是當被置放進「正常／不正常」的看待之下，這些「差異」變成不再是「差異」，而是一種「敵我辨識系統」。辨識出何種是良善的，何種是不良的。「減肥」或是改變不良的體型，基本上就是「消滅敵人」。

體型的辨認變成一種標靶的尋找。過去我被認為是「中廣」的身材，到後來當衛生署推動要量腰圍來測定新陳代謝疾病時，我的體型被當作一個不良的示範，遠遠超出正常範圍。「正常化」永遠是有藉口的。

體重

高中剛畢業時我就接到了兵役體檢的通知，聽同學說，兵役體檢時只能穿著內褲，醫官還會翻看生殖器官，然後還要裸體交互蹲跳，看看是否「正常」。但當時的兵役規定是，只要超過九十公斤就不需要當兵了。當我體檢時，第一關量身高體重，我就因為一百二十公斤的體重註定不用當兵。過了第一關，後續各個關卡檢查的人幾乎都便宜行事，包括檢查生殖器官時，也只是拉了內褲看一下，沒有特別再叫我做什麼動作。最後完成繳交體檢表時，就看到我的表格被放在與其他人不同的盒子裡。

不久之後我接到兵役通知，要我去領取免役通知，因為我的體位被判定為丁等，連「國民兵」都不需要當。後來一個同學跑去查兵役法規，然後捧腹大笑地指給我看——丁等體位視同殘廢（當時的確是用「殘廢」來形容）。原來我的體重在這個「男性國民應盡的義務」裡被視同為殘廢，我的身體基本上等同於「殘廢」的身體。這種「不正常」之間的組合連結（殘障身體與胖子身體），在這個兵役規定裡展現無疑。所以「當兵」／「沒當兵」也就成了身體正常／不正常的想像元素。

體味

「有一股酸臭的汗味，嗯，一定是那個胖子身上的！」

我記得大學重考時上補習班，補習班為了要在單位面積裡塞進最多的學生，每個人的位子之間不會有太大的空間，雖然是在冷氣房裡，因為位子坐得近，每個人還是可以聞到彼此身上的味道。可是在高中那個年紀的男生每個人只要到戶外去逛了一圈，馬上就是大汗淋漓，且身上的味道總是濃烈。當時坐我左邊的是一個很容易流汗的小男生，流汗後大概又被衣服吸收，就形成一種奇異的味道。我的右邊是走道，之後則又是另一個人。右邊的那個人每次聞到那種奇異的味道時，雖然沒有明講，但總是用一種厭惡的眼光看著我。私底下又透過同學來跟我說，要我記得流汗之後要換衣服。啊？我真是百口莫辯。雖然我的身上偶爾也會有那種流汗的酸臭味，但這不是每個人都有的經驗嗎？「體味」的想像，有時也是胖子被看待的一種「不正常」。

3 驅邪除魅——看見我的身體

過去我的身體被看待的方式、我看待我的身體的方式，總是在「不好看」、「不正常」、「不夠好」打轉，所以我不喜歡我的身體，我不喜歡我賴以吃飯呼吸說話行走打字思考做愛的身體，我從來沒有好好看過我的身體。我「發現」了我的身體，但同時我也發現我的身體在這個交涉過程中「噤聲」。這樣的「噤聲」意味著我的身體失去了主體，而交涉中的「我」也必得無法如實地現身。於是，我的身體、我對我的身體的看待是我的「邪」、我的「魅」，是交織的邪氣魅影，讓「我」無法現身。所以，驅邪除魅，讓我現身，我必得重新回觀我的身體，我那沒有「包裝」的、原初的身體。

高中游泳課程更衣的扭捏

我害怕在別人面前裸露，當然是因為我並不喜歡我的身體，也不喜歡讓這個我不喜歡的身體在別人面前出現。

高中時，學校規定是畢業前一定要學會游泳，學校裡有游泳池，夏天時的體育課就是游泳課。那時的游泳池很小，同一個時段的體育課有三、四個班級一起上課，整個游泳池擠滿了人。那時游泳池的設備算是簡陋，因為這個游泳池年代久遠（在我畢業那年就拆掉重蓋了），包括像是更衣的設備根本沒有，只有一大間淋浴間。再加上同時段又有這麼多人一起上課，更換游泳褲這件事情就變成像是隨地大小便一樣，哪裡方便哪裡去。

我念的學校是男子高中，雖然全部都是男生，但在更衣時就看出每個人對身體裸露不同的作法。有一些對自己身體有自信的同學，僅僅轉身面對牆壁就脫了褲子擦身體，屁股就面對大眾也不以為意，就算有人想偷窺也可以大方地讓人欣賞。有人則是在看台上面圍著浴巾，脫下游泳褲簡單擦一下就換上內褲。有人則是跑到牆角迅速地更換，連擦身體的動作都省略了，要把裸露的時間減到最少。

我怎麼有這麼多時間還去觀察其他人的行為？因為我總是等到大部分的人都已經更衣完畢後，我再進去淋浴間裡換。因為害怕被別人看到，所以我都要找到最暗的那個角落，同樣是要迅速地換好。有一次因為接下來的課程要盡快到教室去，同學一直催我快點更衣，實在沒辦法只好也學著其他的同學在看台上用浴巾圍著換。這對我來說真是一次冒險。我一面擔心浴巾會不會掉下來（因為浴巾要包住我的腰圍已屬不易），一面又要完成脫游泳褲、擦身體、換內褲的動作，還要看看四周有沒有人在注意我（這種害怕身體被觀看的感覺是我從小到大很真實的情緒經驗）。那一次雖然順利的完成更衣，但也夠我提心吊膽了。只是，那種不敢／不願看到自己身體的心態，讓我還是得遮遮掩掩。

大學宿舍的洗澡經驗

剛進大學時被安排住的是學校較為老舊的宿舍，洗澡間沒有固定的門，只有尼龍布的拉簾，且「上不著天、下不著地」，洗澡時沒有辦法將自己全部遮起來，每個經過的人都可以看到是誰在洗澡，目前洗到哪個動作，用的是哪一牌子的香皂、洗髮精，身體有沒有沖乾淨。這當然也讓我開始焦慮。有同學覺得這樣的安排很好，因為可以在洗澡時順便聊天，但對我來說，這種裸體可能被觀看的焦慮，是我要避免的事，所以我總是在很晚時才去洗澡，避開人多的時間。如果同學約著要一起去洗，我也一定堅持要到最後面那一間（因為這樣不會有人經過，我比較不用擔心是不是有人會在經過時看到我的身體）。

尿尿則是另一種經驗。

當時宿舍裡是那種舊式的小便斗，只有一小個像是臉盆般的盆斗，而每個小便斗之間也並沒有隔板，所以站著尿尿時等於是要將生殖器都暴露出來。這當然也讓我感覺焦慮。我因應的方式是，當我到廁所時如果正好有人在尿尿，那我就會先假裝洗手，等到其他人尿完之後我再趕快站上定位，盡快尿完。如果在我尿的過程中有人進來，我就會全身緊張，有時甚至會反而尿不出來。這種尿不出來的經驗說明我對於這種被觀看的焦慮程度。而在小便斗的選擇上也是有玄機的。當時廁所裡有五個小便斗，左右兩邊則是牆壁，我是右撇子，尿尿時是用右手抓住陰莖，所以我通常都選擇最左邊的小便斗，一方面我可以把身體向左邊傾斜，用身體的角度擋住一部分，另外，右手的功用除了抓住陰莖外，也發揮了一部分的遮擋效果。而且我竟然發現最左邊的小便斗是最多人使用的，這讓我著實納悶，難道每個人都害怕被觀看？有一次在跟同學分享這個經驗時，我就問他是不是也是最常用左邊的小便斗，他說是，不過原因是因為距離最近，跟我的理由不一樣。雖然我也無從再去詢問其他同學的看法，但這種在生活中因應被觀看焦慮的策略，是最真實地反映我對身體的看待。

面對裸露身體的不安

我害怕裸露自己的身體外，我也害怕看到其他男人裸露，因為我害怕在那樣的場合中我的身體會被拿來做比較。

國中時，我會到不同的場地去打籃球。如果去看過打籃球就知道，有很多男生打到後來身體覺得很熱時，會把上衣脫掉，通常會敢把上衣脫掉的都是身材不錯的，對自己的身體有著自信。大學時，女生宿舍旁邊就有一個籃球場，女生宿舍窗戶打開就可以看到球場。常常看到在那裡打球的男同學，幾乎清一色都是脫掉上衣的。這個裸露就是一種性的展現，所以小說裡常常會將「籃球隊長」當作是女孩子想像男性身體的典範，這是一種性的想像。在這種狀況下，我害怕被比較的原因，除了對身體的沒自信，還含著害怕被看成對於性的無能。

第一次裸體

第一次在其他人面前的裸體，是醞釀了很久的準備。

我現在的戀情就是我的第一次，所以我有很多對身體的探索在這個親密關係中次第發生與開展。在這個過程中，我的伴侶淑英可說是開發我身體成長的「導師」。當我們歷經了牽手、擁抱、接吻，歷經了摩擦、爭吵、冷戰，這些身體接觸以及心理關係磨合，我開始期待親密關係的更進一步，而這同時也是對我的挑戰。因為「醜媳婦總是要見公婆」，我的醜身體終究還是要見人。雖然我總是擔心，擔心裸露後的結果，但這是我必得要面對與挑戰的「自我邪魅」。

有一天晚上在房間裡，我們彼此愛撫對方的身體，那時我決定我今天要裸體！我脫掉了上衣，露出了我下垂的胸部還有下垂的肚子；我脫掉外褲，露出有太多肉堆積的大腿還有因為體重變化所留下來的紋路；我決定要再脫掉內褲，露出我的陰莖還有屁股。我完成了這個對我來說意義重大的「儀式」，讓我第一次克服了被人觀看身體的恐懼，我是毫無隱瞞地讓我的身體「蹦」出來，讓我的身體「攤開」來。對淑英來說，她覺得這是一個「自然」

的過程，她喜歡我，所以也喜歡我的身體，她給了我一個大大的擁抱外加拍屁股。我沒看到過去我以為會有的那種「失望」眼神，那種我以為的「厭惡」，那種我以為的「嗤之以鼻」。我被鼓舞了對身體的自信，對自己的肯定。我的這個「驅邪除魅」的儀式有了完美的結局。

看見我的身體

依著女性主義在談論女性身體時，喜歡要女性拿個鏡子觀看自己陰部的這種從鏡像來認識自我的作法，我站在鏡子前面好好地看了我這個胖子的身體。

我的頭髮已經開始變得稀疏，隱約可以從頭髮間看見頭皮；我的右額上長了一顆痣，之前還被人說這是有佛緣；我的眉毛濃厚適中，恰好可以幫我擋住額頭流下來的汗，不要跑進眼睛；我的睫毛翹而長，是很多人曾經誇獎過的；我的眼球裡有些血絲，但看起來還算炯炯有神，難怪會有人說我看起來不好親近；我的臉頰豐潤，看起來十分「福相」；我的嘴唇小而實，算是好看的那一種；我的耳朵雖然沒有分離的耳垂，但是一樣厚實，看起來應該會好命；我有雙下巴，順著下巴尖到脖子，是一個好看的弧線；我的左、右上臂把手舉起來時會有「蝴蝶袖」，就是會有一團肉在晃著晃著，其實我覺得很好玩；我的手掌厚實，手指雖然也比較粗，但是還算修長，我以前老是覺得我的手指應該適合去練鋼琴；右手上有過去受傷留下來的疤痕；我的胸部堆積著脂肪，所以讓我看起來就像有乳房，可是好像長的方式跟女人的不太一樣，比較像是兩團想要往外跑的肉；胸部下方還有因為長期往下垂而留下來的痕跡；我的肚子用一種如漣漪般的圈圈放在我的身上，讓我從前面或從後面看真的都像是掛著游泳圈，實在是很可愛；肚子上有一些因為幾次的減重／復胖的過程留下來的紋路，我說那就像是妊娠紋，有一次還拿來跟生過小孩的朋友比，看誰的紋路多；在肚子下方也有著因為長期被肚子的肉覆蓋而導致一圈顏色較深的皮膚，朋友說那叫做黑色素沉澱；往下則是還算濃密的陰毛還有那皺在一起的陰莖，因為周邊都是肉，所以看起來就像是把它「埋」進去了，總是得等到勃起時才會出來見客，看來在外觀上的確像人家說的「大摳人，小摳爛」；陰莖後面則是垂垂的陰囊，陰囊後方是大腿根部很難訓練到的肥肉，就是這兩團肉害我走路時胯下摩擦結果褲子常常破掉；大腿內側也有因為減重／復胖的過程所留下來鬆弛的痕跡，下次有機會再鍛鍊回來；右前腿有小時候練腳踏車摔倒留下來的痕跡；我的屁股還算翹，沒有太多的脂肪堆積，應該是因為常走路的緣故；小腿算是結實，因為常走路會鍛鍊到小腿的肌肉，所以我的小腿可說是勻稱好看；腳趾頭依序由大到小排列，用一種漂亮的弧線與大小並存著。

原來我以為的那個醜陋胖子的身體，其實就只是這樣。當我把眼光放到我的身體上，當我真正地看到我身體的樣子，我突然覺得這個身體一點都不醜陋、不厭惡，它總是可愛的。我凝視了這個胖子的身體，這個凝視的眼光有機會讓我帶來轉化。我在我的身體上看到過去自己成長的痕跡，看到胖子，我的身體承載著我，我看見我的身體，看見我。

4 做愛作為一種身體探索

對身體的探索是我在談戀愛之後的新經驗，這個新經驗讓我對「身體」有更多的回觀。

貧乏的身體經驗

胖子在情慾市場基本上是「弱勢」的，所以胖子的情慾出口機會總是少的，這讓胖子在情慾賴以抒發的身體探索機會是少的，胖子更難透過探索身體來建立對身體的自信。

從小我就沒什麼機會發展情慾與身體經驗。國中時因為對於性的好奇，有一些同學會帶A片及色情漫畫書、圖片來讓大家傳閱。我還記得第一次看A片，是家住在附近的同學知道我沒有看過，找了幾個同學去租A片到他家去看。我還記得那支影片是叫什麼八爪女。那一天我看得瞠目結舌，我的結論是：「男的跟女的在做時，都是男的在爽，女的很痛苦。」同學很訝異地問我為什麼，我說：「你看裡面演的男的最後射精很爽，可是女的好像都很痛苦地在呻吟。」同學聽完之後哄堂大笑。當時我沒有任何的經驗線索可尋，所以「呻吟」對我來說是一種痛苦下的行為，我當然不會知道原來這也可能是一種爽快的反應。這個對身體真實經驗的匱乏，讓我也只能在不同的色情材料間打轉。

班上比較大膽的男同學，則開始會到旅館去嫖妓。有一個同學特別喜歡跟我分享他去嫖妓的經驗，包括小姐的長相、身體、姿勢等等，甚至在聯考前一天還到我家來跟我說他最新的「戰況」。每次聽完他的描述我都會蠻佩服他的勇氣，或是說至少在那個年紀有機會和勇氣這樣探索自己的身體是讓人羨慕的。

上了大學，聽到有愈來愈多的同學交了女朋友，有了愈來愈多不同的身體經驗可以跟我分享，我卻總還是貧乏的，這當然讓我感到羨慕。這個因為胖子的身分而減少的體驗機會，讓我對自己身體的探索、對自己身體的重新理解晚了好些年。

做愛讓我開始面對身體

我的身體探索是在交了女朋友之後才豐富起來。

這個身體探索經驗除了探索異性的身體，還有探索自己的身體，也就是說這是一個兩人共進的身體探索旅程。當然，不是只有性交的插入才是「做愛」，也許是一個愛意的眼神、也許是牽手、撫摸、擁抱，甚至是一些讓人心神蕩漾的話語，這些不同身體經驗的獲得與學習，都可以是「做愛」。而對我來說這些都是第一次的體驗，新的體驗。

牽手是第一個經驗。這應該是最初淺的身體接觸經驗，我們最喜歡的牽手方式是十指交扣然後一起散步。有一次去聽畢恆達的演講，他說他觀察情侶之間牽手的方式發現，通常男女之間是以手掌交合的方式牽手，而通常男的會是手心向後而女的則是手心向前讓男的牽，就像是媽媽牽小孩的方式一樣，往哪個方向是由男的（媽媽）來主導，他覺得比較平等的方式是十指交扣的方式。當時我們聽完演講之後，更喜歡這樣的牽手。而牽手對我來說是一種心理的依靠與安全感，讓我覺得有人陪著。

擁抱是一種身體被接納的經驗，對胖子來說是很重要的。過去我大概只有在兒童時期有那種被擁抱的經驗，隨著年紀愈大，身體的「社會距離」愈遠，所以擁抱的可能性就愈少，而這個身體經驗的缺乏則讓我的身體更僵硬。在念中央大學時，因為要運作《大學法》的議題，有一個外校的社團幹部到中央來找我們討論，後來在聊天中發現我們都是嘉義人，他突然說：「那我們要擁抱一下。」結果他很自然地站起來擁抱我，反而是我的肢體僵硬。

我到東海工作的第一年，跟學生慢慢熟悉起來，那一次有個四年級的學生，平時有機會會聊一點社會議題，所以也算有點熟，當她接到考上研究所的消息時，剛好看到我經過，她很高興地「撲」到我身上來抱住我，我也感覺那時我的肢體僵硬。後來我跟淑英講到這個經驗，她說因為我總還是太在乎那個角色／性別間「應該」的互動，我的肢體跟不上我的情緒，所以身體僵硬。在我和淑英的擁抱中，我感覺到那種被接納的溫暖及肢體的放鬆。這對我來說是不同的經驗，同樣是擁抱但卻有不同的反應，我還必須學著讓自己的身體更放鬆。

接吻則是一種奇特的經驗。在接吻中不但有觸覺、嗅覺還有味覺，真是奇特的身體經驗。觸覺是嘴唇、牙齒、舌頭、口腔在彼此接觸時的相互作用；嗅覺則是因為接吻是一個非常親密的動作，所以一定會聞到彼此身上的味道；味覺則是因為接吻必得碰觸到口腔，所以剛剛吃了什麼東西都會被知道。在我跟淑英的接吻經驗裡，一開始是那種只有嘴唇碰嘴唇的接觸，然後愈來愈「自由」，舌頭、嘴唇都來，甚至還亂玩舔到鼻子。接吻則是讓我感覺更親密。

愛撫則是一種舒服的身體經驗，還有一種探索的樂趣。我們最先是隔著衣服亂摸一通，好玩大於愛撫。但是這個遊戲讓我們面對彼此的身體時不會那麼陌生與隔閡，這也是自從國中男同學之間玩那種撫摸生殖器的遊戲後，有別人觸摸身體的經驗。淑英說她還蠻喜歡摸我的肚子，因為軟軟的又很大，感覺會陷進去但又有彈性。這個撫觸的經驗讓我覺得原來這個大肚子還能讓人有這麼多感覺，真是不簡單。我則最愛摸她的小腿肚，因為也是軟軟的、大大的一塊。原先她也是對她這個大的小腿肚感覺很困擾，但是我跟她說我喜歡摸之後，她也發現到原來這同樣可以讓人有其他的感覺。我們透過愛撫發現彼此的身體，也讓自己原先認為是缺點的部分在愛撫過程中改觀，所以這個愛撫是讓身體朝向更舒服自在觀感的機會。

做愛則是讓我感覺到身體被全然接納。對我來說，做愛是身體最親密的接觸，同時也是感官最開放的時候。一開始，因為一切都是陌生的，我們只專注在性器官的接合，忘了感官的開放。那樣的做愛經驗是無趣的，我的身體只得到生殖器的經驗。後來我們開始互相探索，互相愛撫，幫對方發現身體感官的樂趣。這個過程讓我們的做愛更投入，讓這個身體的經驗能夠更自在地發展。我們誠實面對每一次做愛的感覺，這讓我愈來愈誠實面對我的身體，而不再陷於那個貧乏的「胖子」的身體理解。對我這個胖子男性的經驗來說，做愛是一種全然的被接納，除了生理的高潮，心理被接納的需要和滿足都在這個過程中一一被照顧到。所以我不再只是認為胖子的身體就是不好的。我問淑英跟一個胖子做愛是什麼樣的感覺？淑英說她從來不知道她是跟一個「胖子」做愛，因為她是跟「蔡培元」做愛。

我不再做那個惡夢了，那個我害怕被觀看，我害怕自己身體暴露的惡夢。我對身體的探索，我發現我的身體的經驗，原來就是我面對自己最好的解方。我開始可以欣賞各式各樣的身體，才發現原來每個人都有著截然不同的身體，每個人也都在用不同的方式觀看或不敢觀看自己的身體。這都是很真實的。身體是這麼美好的東西，我們用太多的禁忌與標準來限制自己，結果是讓自己過得更不自在。用更自在的方法看身體，看自己的身體，看別人的身體，是我一路不斷要學習的。

正如好萊塢動畫電影《史瑞克》（Shrek），公主被下了咒語，每到晚上就會變妖怪，只有當被愛她的人親吻時咒語才會解除，變成最漂亮的樣子。但是當愛她的史瑞克親吻了她，咒語解除，結果她還是妖怪的模樣。因為公主與史瑞克相愛，她們要在一起最自在的就是做一樣的妖怪，所以那個最漂亮的樣子就是妖怪的樣子。原來那個「漂亮」是「自在」，能夠面對自己真正而誠實內心的一切才是漂亮的，才是能自在相處的，管她是妖怪還是公主。

我是一個有著胖子身體的人，我就是這樣的胖子。

就只是這樣。

第五章

究竟我為什麼吃這麼多？關於我的媽媽與食物的記憶

「請問大師，你一生中吃過最好吃的東西是什麼？」

「施主，這個問題你應該要問你自己。」

——電影《食神》

我一直記得讓我相當困窘的一個場景。

那是在嘉義火車站前。當時我正在中央大學唸書，要到火車站搭車回學校去。有一對母子模樣的兩人迎面走來，媽媽大概是四十幾歲的婦人，孩子大概是國小中低年級的樣子。她們一路走著，媽媽看起來在教訓孩子，我看到孩子在啜泣。正好奇想說是什麼樣的事情，等到我們距離大概約十步時，我可以聽見她們的談話，我看到那個媽媽偷偷指著我然後教訓孩子說：「再吃，你就跟那個哥哥一樣，這樣好看嗎？」只見那個孩子噘著嘴含著淚很委屈地看著我，心不甘情不願地一直搖頭。我則是滿臉通紅、感覺羞愧地快步離開，因為我是負面的示範，是「恐嚇」的案例。

上了車後我回想剛剛的情景，我怎麼覺得那個媽媽其實應該不是在罵小孩，她是想罵我。她應該是想要罵我不應該吃那麼多，吃得那麼胖，不應該那麼胖還出來給其他小孩當作示範，以免誤導小孩子們吃太多，還好她有出來指正小孩子正確的行為……。

胖子永遠脫離不了與食物之間的「嫌疑關係」。食物是減肥的假想敵、是造成胖子的嫌疑犯，所以拒絕食物（節食）總是減肥的重要策略。但食物常常依照人類不同時候的需要被分成好與壞，然後在不同脈絡裡翻身或被打入冷宮[1]。所以「……與體型直接相關的食物，也在價值反轉過程之中，時而與其親密時而敵對……食慾節慾都由他人挑起，卻把缺乏自制、強烈自責推給自己」[2]。

胖子面對食物的愛恨情仇，不管是被別人挑起或是自己想起來的，都意味著食物絕不單只是滿足身體生存需要這麼樣的簡單，食物的意義可以是物理的、心理的、社會的、文化的。「……食物經過重新詮釋後，不再只是維持生命的物質——食物被賦予象徵價值和魔力，所以人要吃食物；人類發現食物具有意義」[3]。那麼食物對我的意義究竟為何？雖然胖子老是會被懷疑吃太多，老是會被懷疑跟食物的交情太好，老是被要求要跟食物保持距離。不過在我的記憶裡的食物卻總是美味的、滿足的，但在食物的記憶中最清晰的影像不是那些食物，而是「變」出這些美味食物的媽媽。

---

1 黃惠如，〈封面故事：『壞』食物大翻身〉，《康健雜誌》一〇〇期（台北：天下生活，二〇〇七）。
2 鄧景衡，《符號、意象、奇觀——台灣飲食文化系譜》（台北：田園城市，二〇〇二）。
3 菲立普．費南德茲－阿梅斯托著，韓良憶譯，《食物的歷史——透視人類的飲食與文明》（新北：左岸文化，二〇〇五）。

對我來說，美味而令我滿足的食物，總是與媽媽連在一起，食物對我的意義，其實是為了讓我知道媽媽對我的重要。

1 媽媽的手藝與美味的食物

美味的食物記憶總與媽媽牽扯在一起。

媽媽的好手藝像是天生的，她總是能夠輕易地使用舊的食材搭上新的烹調方法，就變成一道新菜。在外面吃到好吃的東西，回家就能憑感覺測試各種組合，幾次試驗後就可以做得一模一樣。這讓我從小就喜歡回家吃飯。

吃不完的美味食物

小時候家裡只有爸爸在賺錢，但各種花費又多，家裡的錢常常不夠用。媽媽決定靠自己賺點錢來增加家裡的收入，最好的入門種類就是要找自己的專長，而媽媽的專長就是做吃的。所以大概在我上國小時，媽媽每天早上安頓好四個小孩上學後，就趕回家裡做一些熟食，炸的、煮的、蒸的都有，然後用摩托車後面載一個藍色的大塑膠籃子，把所有的東西裝進籃子裡，手把、龍頭也都掛滿，載到我們家路口邊的小市場去賣。這個小市場是附近鄰居會來買東西的地方，媽媽也正好跟更多鄰居熟識。媽媽常說她的東西是市場裡最快賣完的，太晚來還買不到。我相信，因為真的很好吃。

我的胃口是在這樣的美味中被養成的。

小時候我們會幫忙洗鹹鴨蛋，媽媽醃的鹹鴨蛋常常都是蛋黃已經出油了，這在鹹鴨蛋裡算頂級的。因為有吃不完的鹹鴨蛋，我們只吃蛋黃不吃蛋白，這是一種非常「貴族」的吃法，我是長大後外食才知道，原來鹹鴨蛋蛋白可以吃。

紫菜捲則是另一項非常暢銷的產品，每當節慶時還需要全家總動員幫忙製作。不過，雖然是好吃的東西，但製作過程繁瑣，做這些事情很累，對那時愛玩的我們而言是一件痛苦的事。這道菜也是家裡餐桌上常有的，百吃不厭。

我也很喜歡吃加有牛蒡切片的甜不辣和各式各樣的丸子，這也是媽媽自己做的。牛蒡的清香及各種材料與烹飪方式組合的丸子，對小時候的我來說就是令人著迷的美食。

媽媽用她的手藝創造出生意，也用她的手藝養出我的胃口。

麵食與姊姊的國中同學

姊姊念國中時，因緣際會下媽媽幫忙照顧了更多孩子。

姊姊念的國中就在家的斜對面，是我們從小的遊樂場及探險的地方。姊姊國一時，班上有幾個從豐山[4]下來唸書的同學，原先是住在國小同學家裡[5]，也在那裡搭伙。但因為種種因素吃得不習慣，所以透過姊姊詢問媽媽的意願，看是否可以改到家裡來搭伙。媽媽同意了，且考量她們從山上下來，離鄉背井，所以收的費用很低。因為媽媽的好手藝，她們吃得很高興，後來索性搬到我們隔壁住[6]。媽媽不只負責她們吃飯，還幫忙照顧她們的生活，會帶她們去買日常用品或學校要求的東西，還會載她們去坐車，等於是她們到了這裡來的「媽媽」。

因為這樣的「好風聲」，在那幾年裡陸續有從豐山下來的孩子都住到隔壁去，然後都在家裡搭伙。「極盛」時期總共住了十個人，再加上家裡原先有六個人，所以媽媽每餐要料理十六個人的分量，還要注意每個人不同的喜好來變化菜色，媽媽的烹飪功夫又再次發揮。當然除了手藝外，媽媽疼那些孩子才是被她們念念不忘的原因，雖然已過了二十幾年，她們之中有幾個過年時還是會來看媽媽。

那時星期六是要上課半天，每個星期六中午媽媽一定是煮麵食，粗麵、細麵、油麵、麵疙瘩、米粉；湯的、乾的、炒的、拌的；排骨高湯、肉燥、排骨肉、花枝、蚵仔、雞胗隨便大家再加，媽媽不怕人家吃。媽媽的炒米粉是很紮實地將肉燥不斷拌炒進每根米粉中，所以米粉是乾的，但是每一根都有味道。不像現在市面上只是將肉燥淋到米粉上，米粉都是濕的。星期六的麵食日同樣也是那群豐山下來的朋友很懷念的，因為每次她們到家裡來探

---

4 豐山又稱石鼓盤，在嘉義縣阿里山鄉。因為當地沒有國中，所以通常就得到山下的嘉義市來就讀。

5 我同學家裡是開碾米廠的，蓋了一間很大的房子，家裡空間很多，也是我們小時候遊戲的地方，所以有多餘的房間可以出租。

6 那時家裡住的是一條通的平房，有前庭後院。同一個院子其實是有兩戶，這是阿公蓋的，為了要讓爸爸跟叔叔兄弟可以住在一起。不過當時叔叔住在另外的地方，所以我們隔壁是空著的。

視媽媽就會提到。

過年過節的美味

每到過年過節又是另一番熱鬧光景。熱鬧的不是因為有很多人，而是有很多食物。

每年的端午節，媽媽要綁很多肉粽。不是因為我們要吃很多，而是因為親戚們都搶著要。媽媽常常會喊累，卻又很自豪大家都喜歡吃她的粽子。除了肉粽，用來沾肉粽的醬油媽媽也自己煮。堂哥每年都來要，因為這醬油是他必沾的。

清明的潤餅則是每年我們去掃墓回來最期待的美味。媽媽總是煮了很多內餡的用料，肉、蛋、各種青菜、豆干、油麵，每一種分開來都好吃，合起來又是另一番風味。每次拜拜時我都會有想要偷吃的衝動，因為看起來、聞起來就是美味。

過年則是另一番光景，因為要拜拜的次數很多，從陰曆十二月二十九到大年初三每天都有不同的地方與對象要拜，所以過年時也是家裡堆積一堆食物，冰箱冰滿食材的時候。大家的胃沒辦法在短時間就塞這麼多東西，所以有一些東西就必須要冰起來比較久，大家會不想吃，媽媽就用不同的方式烹調。例如過年的發粿、年糕，因為冰起來之後不好吃，媽媽通常會裹粉或是包餛飩皮用炸的，結果東西就會變得酥酥脆脆的，一下就被搶光了。

三色蛋、排骨酥

媽媽有幾項改良的食品，這是媽媽很自傲的。

一個是三色蛋。這是一項從頭到尾都是由蛋組成的食物，底層是皮蛋，中間則是由鴨蛋打成的蛋液舖成，上面再以鹹鴨蛋黃排列，之後用蒸的方式蒸熟。原先市場的三色蛋是把皮蛋與鹹蛋都藏在蛋液裡，看起來就像是一大塊的蒸蛋。後來媽媽試著將鹹鴨蛋黃改放在上面，整個外觀就變得很好看。但是蒸的時候就需要功夫，要掌握火候、時間與技巧，這是媽媽的本事。這樣的賣相很快就打出名聲，也開始吸引別人的模仿。

排骨酥是另一項改良的例子。媽媽的排骨酥是用豬排骨軟骨的部分，不但有肉還有軟骨，同時也變化了調味，炸起來的味道很香。這項改良也讓排骨酥的生意在市場中一枝獨秀。

媽媽靠著她的腦袋加上手藝，充分展現她在烹煮食物上的長才。廚房是媽媽的舞台，鍋鏟則是媽媽與生活搏鬥的武器。在媽媽的照顧下，我是個很會吃但不太會煮的小孩。

2 我的偶像是媽媽

媽媽是我這輩子最佩服的人。

媽媽會的當然不只是烹飪，我的人生活到現在，有太多媽媽對我的影響。我要去理解自己的吃、自己對食物的感情、理解自己活到現在的樣子，就不得不談到媽媽對我的影響，就得要知道那個影響我的媽媽究竟是什麼樣子。

為了孩子撐下來的婚姻

媽媽出生在民國三十六年，那是一個貧困的年代，也是一個疾病橫行的年代。外婆在懷孕時感染了肺結核，在當時被視為是絕症，所以媽媽一出生就送給別人家當養女。於是我們就有兩個外公、外婆，媽媽有兩個娘家。

爸爸與媽媽認識是透過一個遠房親戚，媽媽說那時爸爸會帶她回家去玩牌、到外面走走，所以就決定要嫁給爸爸。媽媽說當年爸爸看起來很帥，我看到爸爸年輕時的照片，的確如此。雖然阿嬤對於爸爸這個窮小子不太滿意，但媽媽還是堅持要嫁。

有時想想，人生還真是一場荒謬的冒險，一個決定就改變了一生。

媽媽說她們的蜜月是騎機車到墾丁去，那輛六十五C.C.的機車是媽媽的嫁妝。蜜月回來後生活開始變樣。爸爸開始限制媽媽的行動，媽媽要回娘家都得偷偷摸摸。爸爸開始罵媽媽，口出三字經，不管有誰在場。爸爸開始會打媽媽，摔壞家裡的東西。小孩子在也不會停手。

我常常懷疑爸爸和媽媽結婚究竟是為了什麼？

小時候我也常常被嚇到，因為爸爸有時沒來由的發脾氣，開始罵三字經，然後會把家裡的櫃子推倒，接著就打媽媽。甚至在姊姊豐山來的那群同學住隔壁時也一樣。爸爸從沒有叫過媽媽名字，總是「豬母」、「豬母」這樣的叫，影響所及，媽媽說，在爸爸過世前，叔叔從沒叫過她一聲大嫂。

我還記得有一年大年初一，忘了是幾歲、只記得是很小的時候。本來爸爸媽媽各騎一台摩托車，要載四個小孩到梅山去玩，路上因為車子太多，騎著騎著爸爸跟媽媽就騎分開了。爸爸找不到媽媽，開始發脾氣，開始咒罵媽媽三字經。當天爸爸車上載的是我和妹妹，他心一橫把我們放在東市阿嬤家裡對面巷子的另一頭，要我們自己走到阿嬤家去，說因為媽媽不見了，叫我們到阿嬤家過年。那天我們就孤伶伶在阿嬤家過夜，一直到第二天媽媽帶著姊姊跟弟弟來。我不知道前一天晚上有沒有發生什麼事情，但我一直記得我和妹妹當天睡在阿嬤家三樓沙發那種孤寂的感覺。爸爸當然是故意要讓媽媽覺得是她錯了，只是我現在想起來都還覺得很生氣。

媽媽說，有一次她被打得受不了，威脅爸爸說，如果再打她，現在有家事法庭，她會去醫院驗傷拿驗傷單然後到法院去告他。這個威脅真的有效，爸爸從此就比較收斂，只敢用罵的，打人的狀況少很多。那時聽媽媽這樣說，我第一次感覺國家的法律有在保護人民。

爸爸每個月只給媽媽固定的生活費，要她在有限金額裡變出滿足所有人的生活需要。媽媽當然覺得很為難，但似乎又提供了媽媽另一個出口，就是爸爸不得不答應媽媽做生意貼補家裡的支出。而媽媽在這個出口中找到自信，家裡有一些電器用品都是媽媽買的。那時大同公司提供分期付款的方式，讓媽媽能夠負擔得起這些款項，也讓媽媽可以自誇家裡哪些東西是她提供的，不再是那個只能依靠丈夫收入的沒自信、被家暴的婦女。所以媽媽之後買電器用品都還指定要買大同的。

對媽媽來說，這樣的婚姻生活似乎只帶給她痛苦，但為了孩子，媽媽還是撐過來了。

生意子難生

做生意不但是讓媽媽發揮她烹煮的專長，更是媽媽生活中的出口。

媽媽透過做生意，與家裡附近的鄰居建立起很好的關係，除了東西好吃有好口碑外，媽媽也會大方贈送一些因賣相不好但味道不變的東西給鄰居。做小生意直接就是現金的往來，這讓媽媽必須訓練自己心算的能力，所以媽媽可是個心算高手。

另一個是媽媽對重量的手感。我們住的地方附近有一間小雜貨店，我們都稱那間是黑店，因為她賣的有些東西真的比較貴。有一次媽媽包肉粽剛好少了一點糯米，所以臨時就到黑店去買了兩斤糯米。媽媽拿到手時一掂，覺得重量不對，馬上要求要秤重，黑店的老闆娘原本不肯，堅稱重量沒有問題，但媽媽很堅持。一秤之下確定有減少，黑店的老闆娘才承認她每包一斤的糯米都有扣了一些下來。媽媽沒有怎麼責怪她，只是要她以後別這樣。後來媽媽還跟她成為不錯的朋友，黑店偷斤減兩的事也減少了。這件事我很佩服媽媽的處理方式，不但多了一個朋友，也間接少了一間黑店。

媽媽每次想到她過去做生意時的「豐功偉業」，總會怨嘆「生意子難生」，意思是我們四個小孩子沒有人可以繼承她善於做生意的衣缽。做生意可是媽媽最津津樂道的往事。

爸爸過世後

有時候想想，喪夫或許是對媽媽最好的安排。

即使受到爸爸這樣對待，在爸爸檢查出罹患肝癌時，媽媽還是盡力奔波，希望爸爸可以得到最好的照顧。把爸爸送上山頭後，我們要開始安排新生活，當天晚上四個小孩跟媽媽就坐在餐桌上聊天。後來這成了我們那一陣子常做的事，「互相取暖」是我最清晰的記憶。

因為小孩都還在唸書，媽媽當然又開始發揮她做生意的本領，努力地賺全家人的生活費，就這樣撐了過來。此外，媽媽還用了跟會的「財務槓桿」，以會養會來多賺一些錢，讓生活可以持續。

在爸爸過世後，我們就沒有拿過紅包。不是沒有人包紅包，相反地像是舅舅阿姨們的紅包都愈來愈大包，叔叔堅持一定要在除夕夜送紅包過來，我知道他們都是希望可以透過這樣的方式可以給我們一些經濟上的協助，但又不要傷了我們的自尊。且他們都交代他們的孩子不能收媽媽包的紅包，這樣可以減少媽媽的支出。我們沒有拿紅包的意思是，每年我們收到紅包之後，都只有收下紅包袋，錢則是都全部交給媽媽。這個貼心的舉動媽媽當然都一五一十地跟阿嬤說，至少喪夫之後，她還有四個貼心孝順的小孩。

媽媽的韌性在她獨力挑起照顧孩子的責任後更加明顯，給我的學習是，我看到那個女性在困難環境中找到可能出路的那種不放棄的精神，常常是我用來鼓勵自己的示例。我不需要什麼勵志偶像或是指引的明燈，因為「佛」不在遠山，就在眼前。

我心中的遺憾

中風的確是媽媽人生中風雲變色的一件大事。

媽媽在中風的前半年才剛剛決定要結束那些工作，要專心幫忙帶孫子四處玩兼展示，媽媽是快樂而滿足的。我們也都覺得這是最好的安排，姊姊跟我也都要開始賺錢了，好像媽媽的人生終於可以輕鬆了。只是好光景不過半年時間，媽媽中風改變了這一切。面對自己身體的重大變化，導致她生活上許多必須重新學習。媽媽最介意的是她沒辦法煮東西，果然人是有潛力的，媽媽是慣常用的右邊癱瘓，可是她開始學著用左手洗菜、切菜、煮菜，真是太神奇了。常常我下班回家，已經是滿滿一桌菜了。

此外，當我回到嘉義當社工時，媽媽因為抱怨我都很晚回家沒有陪她，我就想了個辦法讓媽媽當協會的志工，要媽媽幫忙對協會的發票。協會收集到的發票都會集中到家裡來，發票開獎日就是媽媽興奮又忙碌的日子，那幾天媽媽的情緒會跟著對到的發票張數與金額起伏，甚至有一些差一個號碼中獎而扼腕的發票，媽媽都還會留下來給我看。媽媽也會跟著協會去旅遊，滿足她很愛到處走卻受限於肢體的渴望。

在我的社會工作實務經驗中，我所接觸的對象是身心障礙者，但這些接觸經驗並不來自於工作，而是我就是身心障礙者的家屬。我常常覺得老天爺是派媽媽來教懂我很多事，只是媽媽這輩子好像都沒有過過好日子，這是我心中一直的遺憾。讓媽媽開心是我現在最重要的事。

3 滿足媽媽的成就感

說到我的吃，跟媽媽還有媽媽煮的美味的食物有很多的牽連。但是在情緒上，究竟我是為什麼會吃這麼多或是說要吃這麼多？淑英剛到我家時，她說她發現媽媽每餐煮的東西吃剩下的都會叫我吃完，而我通常沒有異議通通照辦。她覺得奇怪的是，媽媽不管我到底吃不吃得下，我也不管自己會不會吃太多，只要媽媽說，我就會照做。我想了一想說，好像真的是從小就這樣，可是我知道，除了媽媽煮的東西好吃外，媽媽煮的東西被吃光光，是媽媽的成就感，因此把媽媽煮的東西吃完，是滿足媽媽的成就感。

甘願當家裡的垃圾桶

從小我就不斷聽到媽媽對於她煮的東西有人誇獎，對她來說是一件多麼自豪的事。媽媽用現做的食物做生意，東西賣光光是對媽媽的肯定，這是媽媽在這樣的婚姻裡，不斷被否定的婚姻關係裡，唯一能找到自信的事。有客人為了誰先到而爭搶那最後的貨品，雖然媽媽還要調停，但自己的東西竟然要用搶的，媽媽有很大的成就感。

國高中有時放學回家媽媽正好在煮飯，我都趁媽媽煮好一道菜盛盤時就先偷吃，被媽媽發現當然會挨罵，可是我只要說：「誰叫妳煮的東西這麼好吃！」就會看到媽媽笑得好開心，忘了要制止我繼續偷吃。

堂哥每年端午節都會到家裡跟媽媽要她煮的肉粽沾醬，有時媽媽會跟堂哥說，「怎麼不會回去叫妳媽媽煮？」堂哥就會開始稱讚媽媽煮的東西比較好吃，那時也會看到媽媽開心的表情。親戚們請媽媽幫忙做那些過年過節的食品，媽媽雖然一直喊累，可是我們都知道媽媽做得很開心，因為那是一種肯定。

外公過世時，依據習俗在停靈期間必須要吃素，但老是買外面的素食，大家都快吃不下去了。這時媽媽又出馬了。那期間本來媽媽就每天會到阿嬤家，現在則是多了一項料理三餐的任務。有一次中午我也在阿嬤家，媽媽招呼大家吃飯，只見阿姨舅舅舅媽們一面吃，一面誇著說媽媽煮的素食也這麼好吃，這時媽媽只是笑一笑。等到大家把菜吃得差不多了，媽媽偷偷跟我說，看到大家把菜吃完，就是她最高興的事。對媽媽來說，「杯盤狼藉」就是對主人最大的敬意。

我一直都知道，做生意跟煮吃的是媽媽這輩子最自豪的事，是媽媽成就感的來源。所以我甘願做家裡吃不完食物的垃圾桶，把媽媽煮的東西吃光光，讓媽媽覺得有成就感。

一個無能的小孩

只是為什麼讓媽媽有成就感這件事，對我這麼重要？因為我知道從小我就是一個無能的小孩，一個心情很複雜的小孩。

媽媽的婚姻裡，暴力占了很重要的一部分，很不幸的，這些事情發生時，我都在現場，我親眼目睹爸爸打媽媽，我只能無能地站在旁邊，目睹這一切發生，但是卻無能為力去制止爸爸，沒有勇氣對抗那個張牙舞爪的爸爸。很多時候我好希望那些發生在我眼前的事情只是電視演的，或只是我作夢而已。可是我知道那不可能。應該是國小三年級時，有一次看到爸爸先是把家裡的櫃子翻倒，櫃子裡的東西與玻璃門跟著櫃子一起破掉倒在地上，然後爸爸開始打媽媽。那時我嚇呆了，我只能怔怔地站在那裡，腦袋一片空白。我想要保護媽媽，可是我不知所措。等到一切都過去，我想去幫忙收拾殘局，還被爸爸喝止，爸爸還要媽媽去收拾。我看到我送給媽媽的玻璃天鵝就跟著碎裂在地上，我連保護禮物的能力都沒有，媽媽只能瑟縮地拿著掃把慢慢地把地上的一切掃乾淨，但我們都知道，那個心裡的恐懼與傷痕怕是永遠也掃不掉了。

我問媽媽為什麼不一走了之，為什麼不乾脆跟爸爸離婚，媽媽說，她不是沒想過，可是想到四個小孩沒有人照顧，她就走不了。一想到這裡，我就覺得媽媽好委屈，好對不起媽媽。

我不知道要怎麼安慰媽媽，也不知道要怎麼讓事情改變，讓生活更好。我只能用最簡單的方法讓媽媽得到成就感，我只能用吃來滿足媽媽，我要把媽媽煮的東西吃光光，這樣媽媽才能滿足她的成就感，才能讓媽媽得到慰藉。這是我這個無能的小孩僅僅能想到的方法，而我就決定要這樣做。

一個複雜的小孩

從小面對爸爸，我的心情就很複雜。

因為我是長子，背負著爸爸的期待出生，從小就得到爸爸特別的疼愛。小時候爸爸最常帶著我騎車去逛街，順便買東西給我吃。那時聽說蛇肉可以補身體，爸爸便常帶我到嘉義的文化路去吃蛇肉。聽說多吃魚肉可以讓腦袋聰明，爸爸就要媽媽多煮魚給我吃，所以我吃了很多各種不同的魚肉，還外加一罐罐魚肝油。還有一間賣仙草冰的店，是每次出門都要去吃的好味道。台糖的健素糖更是讓我當作零食一樣在吃。

爸爸也帶我去很多地方玩。小時候最常去的是中山公園，那是嘉義少數的大型公共設施，是小孩子的天堂。爸爸也常帶我去叔叔家，因為堂哥有很多玩具，這樣可以跟堂哥玩分國打仗的遊戲。爸爸買汽車後，除了每天接送妹妹跟弟弟到學校外，假日還會帶我們出去玩，雲林、嘉義、台南各地都曾經帶我們去玩過。去玩時當然還會有一些額外的、特別的東西可以吃。

為了讓我可以考好高中，爸爸送我去上升學率高的私立中學，多花了很多錢。國二時我吵著要去住宿舍，爸爸也答應了，但成績卻一落千丈。爸爸為了讓我可以就近唸書，全家就搬到學校附近，他寧願每天接送弟弟、妹妹回原來的學校。搬家之後每天吃完晚餐，我就跟爸爸在家裡附近散步、聊天，爸爸會問我的學校生活，問我未來的期待，我很懷念那種跟爸爸一起談心的感覺，因為總覺得有人可以支持我的夢想。考上高中時，爸爸為了要啟發我對科學的興趣，有一天晚上睡覺前還特別跟我說了很多他在科學雜誌上看到的科學新知，我愈聽愈有興趣。所以爸爸就訂了科學雜誌讓我閱讀。爸爸在孩子的教育上不怕花錢，只怕孩子不肯唸書。

高二時爸爸得了癌症，為了怕我們以後沒有房子住，把積蓄拿去買了一間房子，還細心地請人把家裡的開關、水龍頭、電燈都換成一樣的。有一天爸爸說要教我怎麼更換這些，而且我只需要學一次，因為其他的東西都是一樣的。他說，他不知道他還能活多久，所以這些事情以後都是我的責任了。我覺得很難過。

還有一次我忘記是什麼原因跟爸爸爭吵，我突然覺得爸爸要求我很多，我跟爸爸說：「你是因為求好心切才對我這麼兇對不對？」爸爸當時雖然還在氣頭上，但是他突然很高興說：「對，因為我時間不多了。」有一種兒子終於瞭解我的苦心的那種被人理解的快樂。我是既心疼又難過。

我很愛那個疼孩子的爸爸。

但那個情緒控制不好的爸爸卻是讓我恐懼的、讓我不愛的。

除了從小看到媽媽被打，我也有三次被爸爸狠狠修理的經驗，結果當然是全身是傷。國小六年級時，有一天晚上爸爸又開始罵媽媽三字經，我很怕再下來媽媽又會被打，那時不知道是哪裡來的勇氣，我大哭大吼，我對著爸爸大叫，說他這樣罵媽媽、打媽媽，我們的心裡都很難過，都覺得不知如何是好。我看到爸爸先是楞了一下，然後默默地坐在椅子上聽我哭吼。已經不記得那一天最後是怎麼結束的，但之後爸爸罵媽媽的情況真的少了很多。

高一時，有一次因為考試所以提早放學，那天中午姊姊也提早回去，爸爸回家去吃飯。吃完飯後姊姊與爸爸不知道是在說什麼事情，只見姊姊很不高興地往樓上走，我看到爸爸突然罵了一聲，要去追打姊姊，說時遲那時快，我在樓梯口把爸爸擋了下來，然後要姊姊趕快先上樓。媽媽也嚇到了。

我知道現在的我痛恨暴力，聽到哪個朋友如果被暴力對待，我的態度都是勸離不勸合。我知道這些態度都是來自於過去那個心情複雜的我。

那些媽媽教我的事

媽媽說，爸爸在他人生的最後一個月，曾經不止一次說他這輩子最對不起的人就是媽媽時，我看到媽媽那種複雜但是安慰的表情，我知道媽媽早就在那個時候原諒爸爸了。

但是那個心情複雜的我呢？

在這本論文的書寫過程中，一開始的書寫是愉悅的，但當我寫到這些事情時，我實在不知道要不要寫。我的情緒卡在這裡，寫不下去。如果不寫，我就沒辦法真正去理解在這些情緒衝突中長大的我。如果寫了，我有辦法面對在這些情緒中真正的我的樣子嗎？寫與不寫對我來說都是一種困難的選擇。

我決定跟媽媽聊這個。

我和媽媽說有一份學校的作業要訪問她，媽媽很靦覥地說：「哪有這種作業？」但看得出來她很樂意說。之後在我每次從大林載媽媽回嘉義[7]的路上，我開始問問題，媽媽開始說。

我覺得媽媽的敘說裡是一種歷經苦難之後的回首，雖然多少夾著情緒，卻對爸爸的行為有一種「同情式的理解」。媽媽能夠愈說愈多，是因為她不再將自己困在自憐自艾、怨天尤人的情緒裡，她能夠正視自己過去面對的不愉快，甚至將它變成一種人生教材。這是媽媽從過去的苦難中所淬鍊出來的人生智慧。

媽媽慢慢教會我這樣看我的情緒以及過去的事情。

我重新看待我與爸爸。我看到在爸爸那個年代長大的男人，一方面要將照顧家庭的責任攬在身上，一方面在那個困乏的年代，永遠賺不夠家裡的支出。爸爸是嘉義高工畢業的，在那個年代算是高學歷的，卻鬱鬱不得志，只能在中油公司作一個小職員。我還記得有一次放學回來，發現爸爸早就回來在睡覺，媽媽說：「小聲一點，爸爸今天被他課長罵。」我也記得爸爸買了很多中醫的書，說他要去考中醫師執照，但是從沒考上過。我看到爸爸一

---

7 媽媽從中風後來復健之後，原本大部分的生活都還可以自理，甚至白天我們去上班的時候她還可以自己在家裡整理花盆、煮飯。但是後來因為體力愈來愈衰退，有一天她躺在客廳的沙發後發現沒辦法自己起身。我們擔心這樣她自己一個人在家會有危險，所以之後媽媽住到姊姊家去。姊姊家在嘉義大林。當時我已經在台中工作，所以每個星期五我從台中回家時，會先到大林一起接媽媽回家，然後星期日晚上要回台中時，先載媽媽到大林去。這一段路上常常只有我跟媽媽，有時候還有淑英。

直想要達到那個他以為的人生樣貌，但卻總不能如願。而那個年代的男人基本上還是把家庭、妻子當作自己的財產，當情緒找不到出口時，只能回家找人出氣。我也看到爸爸過去是不跟媽媽回外婆家的，或許面對外婆家裡這樣有錢的身分，是會讓爸爸感覺不自在或是抬不起頭吧。

而既然沒有辦法做到自己的期待，那就期待自己的兒子吧。所以爸爸總是不斷用各種方式要我有好的表現，灌輸我以後要當醫生的志願，總是告訴我他同事的小孩有哪些好的表現，要我不可以輸人家。我是爸爸手上的一顆棋，他希望可以好好地玩，可以贏過其他人，不可以在還沒有過河時就陣亡。

我開始理解爸爸原來只是一個裝模作樣不得志的小男人，一個不知道怎麼處理自己情緒的小孩子，只是一個鬱鬱寡歡的憂愁男人。所以爸爸會這樣處理他的情緒，處理他對我的求好心切。

我也開始理解，那時的我只是個小孩子，我背負了那個超過我年紀的保護媽媽的責任，從此就丟不掉。在我的人生過程中，我不斷地在背許多責任，原來都是在為那時的我「贖罪」，為那個無能的小孩贖罪。原來這才是我真正不安的核心，這就是我亟欲想逃離卻莫名所以的恐慌。我知道我不過是個小孩子，我本來就沒有辦法解決那些問題，我應該放下，放過自己。

於是這個媽媽教我的「同情式的理解」的過程，我看到爸爸的形象在改變，看到那個應該要負責任的我在改變。我開始可以原諒那個令我恐懼的爸爸，原諒那個無能的自己。我終於可以跟自己和解。

有時候我會期待我是超人，可以制止世界上所有欺負人的事情發生，那是因為小時候我常常希望我是超人，可以制止爸爸打媽媽。我終於知道這個想要制止欺負人的事發生的心情，其實一直在我的成長過程發生著，雖然有太多時候我是無能為力的，但我知道這才是當初我投入運動、投入社工的最內在的動力，才是推動我持續做這些事情的動力，但同時也是我掙脫不了的枷鎖，那個讓我活得不自在的牢籠。

我知道我這些心情從來沒有被照顧到。因為那是我說不出口的恐懼，那是我最深、最隱晦、最不敢示人的傷口，那是我最不敢碰觸的過去。只是，當我進入這個說自己故事的歷程，這個從我是一個胖子開始的故事，我慢慢看到自己那些過去不敢面對的，我看到自己的轉變與力量，我看到自我敘事作為一種自我治療、自我解放的力量。我可以自己照顧自己了。

4 長子的責任

讓我背在身上的這些責任的原因，我知道除了是我的「贖罪」之外，還有來自於那個「長子」的責任。

培養國家的元氣

我出生的年代正好是台灣剛「退出」聯合國後，台灣社會正是一股愛國主義瀰漫的氣氛。爸爸有一次說他為什麼將我取名為「培元」，是因為那時的台灣遭受到很大的挫折，他希望我要「培養國家的元氣」。當然這樣的責任期待只是爸爸自己私底下的「願望」。

我不知道這樣名字有沒有真的為國家帶來些許利益，但對我來說還真是不可承受之重。

看到背著「責任」的我

作為一個長子，雖然在出生時是第一個男孩，備受疼愛。但相對的，我有許多的責任要扛。從小家裡有許多粗重的工作，常常落在爸爸和我身上。例如國小五年級時，因為在舊家後院有部分的地要用水泥糊起來，爸爸不想花錢請人處理，決定要自己動工。所以扛水泥、攪拌水泥還有抹水泥的工作我都得參與。一包水泥可是五十公斤重耶，我還是得扛。六年級時，家裡內部要重新油漆這也是我的工作責任，因為我是「長子」。

爸爸過世後，「長子」這個角色的責任就愈重了。從爸爸過世開始，我開始會注意家裡的經濟狀況，所以從念大學開始，我都是自己想辦法賺生活費，學費則是用助學貸款。但媽媽會跟我抱怨譬如姊姊、妹妹用了太多錢，因為當時大家都在外地唸書，只是好像也只有我會去打工。所以我只好要媽媽限制她們每個月的花費。有時候我覺得媽媽太寵弟弟，這樣會把他寵壞，而且我也很不能平衡。媽媽說，她每次只要想到弟弟年紀這麼小就沒有爸爸，實在很可憐，她就覺得要多寵他一點。而且我是長子，本來就要負起家裡的責任，沒什麼好計較的。好吧，這樣的角色要求好像也真實地烙印在我的個性裡，所以變成我總是要背著一堆責任在身上。

「責任感」是我最大的動力，但卻同時也是我最大的絆腳石。原來那個「我應該」如何的提問，正是因為來自於我是以「我的責任」要如何為出發，許多莫名所以的責任就堆壓到我身上，當我不自覺，就會以為那是我應該要背負的，所以我過得不快樂、不自在。於是我看到了那些責任，看到背著那些責任的我，也知道那不是我要的。我知道我也沒有「責任」要去負擔做一個「胖子」應該要如何的種種，於是看見我對責任的「逃逸」，原來就是我可以脫離那個因為胖子帶來的不舒服的方式。

這個透過看到媽媽對我的重要出發的歷程，我又重新看到我。

第六章

/

一個自在的胖子

「胖子」不是胖子，而是我的生命方法學

這個書寫過程反映了我的追求，就像是在幽冥中的一段重生之路。我走過流水小澗，我跨過亂石暗礁。我停在懸崖峭壁前，卻意外發現這是我想像的「魔」，我行過康莊大道，卻知道原來這不過是前人提供的喜樂。路上忽明忽暗，我知道我終於可以先停頓。

我仍在幽冥之中，卻發現原來我自己就是光。

1 為「胖子」出征

當然，即使我知道透過這樣的歷程，我可以更自在地看待「胖子」這回事，但是那個鋪天蓋地而來的對胖子的「壓迫」卻還未曾改變。

壓迫正在進行中

有時候我會覺得胖子好像是在「夾縫」中求生存，因為不管何時、何地，都會有不同的人、不同的眼光在提醒、貶抑、咒罵胖子的存在。那種無所不在的壓力，真實地擠壓了胖子的社會空間。在這樣對胖子不友善的氛圍下長大的胖子，沒有變成憤世嫉俗的人，還真是令人意外。原因在於，這樣的壓迫往往也轉化成為胖子內在的自我要求，胖子的「虛假意識」，所以胖子的處境永遠是「內外煎熬」的。

這是非常「後殖民」的。

胖子認可了那些加諸在自己身上的暴力壓迫（言語的、非語言的），同意了這樣的「合法性暴力」，所以胖子只能「臣服」，或是說只有「臣服」才能讓胖子安全地度過每一個「生活危機」，才不會讓自己陷入另一個危機之中。而這樣的認可某個程度上變成了胖子的「自我壓迫」。所以胖子忙著減肥，忙著讓自己逃離胖子的行列，忙著逃離真實的自己。

而外在真實的氛圍是，這個世界壓迫胖子的行動總是不間斷的，透過各種細微的管道、變化的面貌、不經意的話語不斷地在進行著。這是不斷地在日常生活中展演著的一齣齣「合法性」暴力劇，但我們總是習以為常。這樣的「習以為常」就是最極致的權力壓迫。這樣讓壓迫胖子的行動總是「師出有名」的。

我想與世界和平共處，但世界卻以胖子之名拒絕了我。

我們都可能是共犯。

這是一個不斷進行中的壓迫……

抵抗也應如是

套一句傅柯（Michel Foucault）的名言：「有權力就有抵抗。」是的，在不斷的權力竄奪遊戲中，「抵抗」正是一個人面對權力的侵奪下發現自我主體的開始。或許面對這些對胖子的不友善，胖子發現自己是「胖子」正是抵抗的開始。也只有在胖子正視自己的「異」，不再只是追求那些與別人的「同」，這個「異」才有機會跟其他的形式平起平坐，這個「異」才有機會成為一種「同」的形式。因此「為胖子而抵抗」，或許正是第一步。

我知道這個社會壓迫的形式千奇百怪，且總是與時俱進、不斷變形。面對這樣的情境，很難像過去一樣，好像有一個具體要去打敗的敵人，因為敵人總是不清楚。這是一個多重戰線甚至是沒有戰場的戰爭。在這樣的狀況下，發現自我並促進自我的解放，或許正是一種最好的抵抗。我知道沒有社會的解放而僅有自我的解放，是沒有辦法朝向那個良善社會的藍圖。只是，沒有自我的解放，那宣稱社會的解放，只能說是緣木求魚。

所以邁向自我理解、自在的歷程，一種自我與社會緩慢前行的步伐，就是一種溫柔而有力量的抵抗。

2 原來「胖子」是個假議題

我終究不是要寫一個「胖子」的故事，我要敘說的是「我」的故事。「胖子」是我的載具，承載著我過去面對那些不知如何言語的壓迫，也承載著我重新理解自己／自在的可能。「胖子」這個議題，從一開始我覺得是我最難面對的自我，到後來一步步引導自己朝向更真實的自我，原來「胖子」對我的意義已經不是胖，而是我的招魂幡，招引我回到深層的生命實相。

因而，「胖子」不是胖子，而是我的生命方法學。

《食神》的奧義

我一直都很喜歡周星馳的電影。在周星馳的電影《食神》中，我覺得他要講的是一個人朝向自己的歷程。「食神」本來是一個很難測度的人，不可一世，目中無人，忘了自己是誰。但是被人陷害後，進入市場這個修行地。然後因緣際會到了少林寺，到了少林寺的廚房學習廚藝，讓他透過這個過程學到烹飪的功夫，學到食的真諦，所以他在後來食神大賽落敗後說：根本就沒有「食神」或者人人都是「食神」。老爸老媽大哥小妹男孩女孩，只要用心，人人都可以是「食神」。

少林寺是每個人鍛鍊自己的場所，它可以是一個地方、議題或是關係。食神本來根本不會烹飪，而他在少林寺學的就是烹飪，這是面對自己過去的失敗、缺點或是不敢面對的東西。少林寺的方丈就是在這個過程中逼迫自己成為自己的人。在少林寺中，食神反省自己的無情無義，反省自己過去的唯利是圖，最終瞭解了食的真諦。這其實是在說一個人反省自己、發現自己而成為自己的過程。

在比賽時，他問方丈這輩子吃過最好吃的東西是什麼，方丈的回答是：「施主，這要問你自己。」是的，真相從來都在自己心中，而不需要往外求的。食的真諦就是成為自己，「食神」的意義就是「自己」。所以只要「用心」，人人都可以成為「食神」／「自己」。

我的「胖子」就是我的少林寺，烹飪的功夫就是我朝向自己的努力與學習。但是我最終是要變成「食神」／「自己」，不是要一直留在少林寺裡。於是「自己」才是我的真議題，「胖子」在這個歷程中原來是一個假議題。

朝向自己的歷程

在金庸的《倚天屠龍記》這部小說裡面，有一項鍛鍊自己內功的最佳武林經典叫《九陽真經》。男主角張無忌原本被玄冥神掌所傷，就靠著鍛鍊《九陽真經》治好自己多年的痼疾。《九陽真經》裡有一句話，是每次張無忌對敵時都要提醒自己的：「它自狠、它自惡、我自一口真氣足。」當有外力要攻擊時，自己必須要把持住一口真氣，《九陽真經》就會隨著全身經脈流轉保護自己，甚至讓功力再增強。

這是一個有趣的情節描寫。原來《九陽真經》的含意就是不斷去修練的自己，它就是一個自我文本。每個人必須要去找到自己的《九陽真經》是什麼，當有外力來襲時，先把自己的真氣守好，而抵抗的過程就是一種訓練的過程，能夠讓自己的功力更強後更能保護自己。

我的這個論文書寫就是我的《九陽真經》，《九陽真經》就在我身上。我是透過這個朝向自己的歷程來修練我自己，我的真氣就是我自己。所以當因為「胖子」這個身分而招致的狠、惡，我的抵抗就是我的自我訓練。但是在我周身流轉幫助我更有抵抗力的，必是我這個朝向自己的歷程。

因而，胖子的意義已經轉變了，雖然我還是個胖子，但是胖子對我的意義在這個朝向自我的過程中轉變了。對我來說，胖子變成了一個假議題。所以，我從「胖子」變成了胖子，再從胖子變成自己。這真是個有趣的歷程。

因而只有當我不再是「胖子」，我才能僅僅只是一個胖子。

我終於知道那個透過發現自信與自尊而後感受到自在的過程。

3 自在的樣子

我愈來愈清楚地知道什麼對自己才是重要的。我要找到自己可以安身立命的樣子，那個自在活著的樣子，那個樣子就是我現在的樣子。我還是一個胖子，只是我是一個隨我高興的胖子，而不是隨你咒罵起舞的胖子。胖子是我的樣子，就是這樣而已，胖不胖對我而言已經不再重要，活得自在才是我的追求。

正因為這樣的歷程，我發現我之前失去的那些都回來了。我的「感覺」回來了，我的「感動」回來了。我可以更自在地做一個人，做一個胖子，而不需要提心吊膽地擔心別人的眼光，不需要在意我的胖，在意別人的在意。現在我會提醒自己：到底這是我「應該」做的，還是我「想」做的。不要跟我說我「想」的還是有可能都是社會建構的。我知道，只是那是不一樣的情緒感覺與對待。那樣的「will」是沒辦法騙自己的。

我想這是一個不會結束的故事。與自己共處、讓自己自在地智慧學習，總是會不斷地在我的生命中穿梭著。而讓我學會用一種「僅僅只是」的姿態活著，就是讓我朝著自在的方向前進。

我僅僅只是一個胖子。

我僅僅只是我。

後記

差異者的書寫很常是一面鏡子，映照的是我們的無知與不足。

自我敘事能算是學術方法嗎？

當我寫完我作為一個胖子的故事，它變成一部以「自我敘事」為方法讓我拿到碩士學位的論文後，不斷聽到有人對於「敘事能不能算是一種研究方法」的質疑。通常我看到的有兩種反應。一是自認為自己很有學術知識能力的，通常會嗤之以鼻，「自說自話不能驗證哪算學術」。另一是「嗯，簡單啊，就是寫自傳啊。如果我論文寫不出來，那我也來寫自傳就好」。一開始覺得被誤解，後來覺得很有趣，原來這個論文也發揮了映照學術態度的功用。怎麼說呢？

如果當我們對「未知」的態度是拒絕瞭解、拒絕認識、用自己的有限去限縮新的學習與可能，那反映的只是我們的無知。因為，所謂「學術」正是一種從無知變有知的過程，在有限知的景況下去擴大更多的知。這種用自以為有學術來評判敘事方法的無學術，本身正是一種「反學術」的示例。

光寫故事就能幹嘛嗎？

差異者的書寫能用來做什麼？光寫故事的確不能幹嘛，重要的是對話。當我們試圖要去瞭解各種差異者的處境時，最常見的就是邀請她／他來「現身說法」。這種現身意味著讓我們來聽她／他的故事，然後透過聽與講之間的對話來進行認識的溝通。差異者的故事書寫正是透過閱讀的對話過程來進行溝通與認識，正如妳／你看了我書寫一個胖子的生命與生活處境，不管妳／你讀到或聯想到什麼，都是一次對話的機會，並得以創造新的可能。

用批判教育學的理路來說，保羅．弗雷勒（Paulo Freire）在著名的《受壓迫者教育學》（Pedagogia do Oprimido）中提到，受壓迫者所進行的抵抗行動可以產生愛。受壓迫者的書寫正是一種透過閱讀與對話而產生的抵抗行動，目的不在抒發自己受壓迫的恨，而是促進人性社會的愛。而這樣的書寫也得以成為女性主義學者內爾．諾丁斯（Nel Noddings）所提及的「壓迫者教育學」的機會。當差異者的故事反映出我們很常忽略／不以為意的日常生活／語言情境中的歧視或是因為無知而所展現出有意／無意的偏見，意味著我們在不同的情境脈絡下都可能扮演那個論述的壓迫者。這種透過閱讀故事所生產的對話，正是每個人自我反省的「壓迫者教育學」。

期待有愈來愈豐富的差異者的書寫，那才是真正邁向多元的開始。

願我們能在故事裡真實地相遇

這本書是我二〇〇八年完成的碩士論文所改寫的，但絕大部分都還是原汁原味。

因著這本自我敘事的論文，畢業後的這十幾年，我有了一些新的經驗：有不認識的人寫信跟我分享她／他閱讀後的感動、有社工系的研究生想要寫自我敘事的論文來找我討論與陪伴、被邀請去分享論文寫作時的經驗、被當作是自我敘事研究的範例、在考博士班入學口試時，審查老師說這是她唯一認真從頭看完的論文。我認真與誠實的書寫，也得到許多認真的回應。同時也因為這些經驗讓我持續地從別人身上學習敘事過程的種種，也讓我更清楚在學術上想要做的就是持續耕耘敘事這個方法。因為有這個文本，我得以遇見更豐饒的人群與人生。

媽媽在我完成論文拿到學位三個月後過世了，死亡帶來的悲傷總是在悄聲無息時來襲。媽媽中風之後坐輪椅，所以每次只要帶媽媽出門，我們都得要注意去的地方是否方便輪椅進出。處理媽媽後事時，被交代要去訂出殯後的平安宴餐廳。到餐廳時我下意識地先去看外面是否有輪椅的斜坡道，又忽然意識到已經不用了。我的悲傷不可遏抑。但我很慶幸有來得及寫下媽媽的故事。重讀我自己的論文，也變成我想念媽媽時的一種儀式。透過文字，我們的生命得以彼此扣連。

這本論文就是我生命中舉足輕重的生命紀錄，沒有因為碩士畢業被束之高閣，反而一直在我的生命中發酵著。謝謝這本書的編輯小歐，謝謝她這幾年來一直沒忘記這本論文，也因為小歐牽起的這個緣分，在十幾年後才得以變成這本書，有機會可以走出學術圈，走入更多人的生命中。

我們也許互不認識，但願我們能透過文字、在故事裡真實且真誠地相遇。

參考文獻

分類構思

對我來說，「參考文獻」的意義是，在我書寫論文過程中曾經協助與豐富我的思考、我的書寫，就是我的參考文獻。只是，我們對於「文獻」的定義太過於窄化，總以為是那些成文的、發表過的才算數，卻忘了「文本」有著各種豐富的形式。即便是電影、戲劇、雕塑……，甚至是「人」，都是可閱讀的、可參考的、有豐富意義的文本，都可以是「參考文獻」。從這個意義來說，對發現地心引力的牛頓來說，或許「蘋果」應該才是最重要的「文獻」。

在我的書寫過程中，有不同的型式的「文獻」穿插交涉進入。一種是活生生的人，用活生生的生命與我交涉、對話，豐富我的內容，對我來說這毋寧是一種最重要的「文獻」。而作為知識的創造者以及相互交涉者，這些人不應該在知識生產過程中隱身。另一種則是既有的成文化的文本，總是不斷透過我的閱讀過程才能賦予這些文本生命。於是我將我的參考文獻分為這兩種對我有意義的類別。

原本我將這樣的分類分為「活的」（人）與「死的」（成文的）。在口試的場合，小陶建議可以改為「活著的」與「活過的」，更能顯出與「人」交涉過程中的意義。一方面我覺得他的建議更能表達出我的意思，我欣然接受並修改，另一方面，這個過程不也正是一種「人」作為「文獻」的意義展演。

活著的

王增勇　我的指導教授。他提供給我在一個身心安頓的狀態下，讓我放心地進行人生探索及書寫。而在課堂上他提供了一個讓我安心的敘說空間，讓這本論文在經過許多曲折後可以順利生產。

李宥樓　綽號小妹，是我在中央大學的學姊。她培養我在大學時期養成自我學習的習慣，而這個習慣我一直帶在身上。在這個論文中也提供了一開始的諮詢意見。

林秀容　我的結拜姊妹，也是我在中央大學「搞運動」時的伙伴。比我小一歲，但她是姊姊，我是妹妹。在這個論文的書寫過程中很常與我對話，也提供了她的生活經驗供我參考。

倪淑英 我的伴侶，也是我的身體「導師」。在我們相處的生活中，用她的生活以及身體，開發了我的經驗，挑戰很多我過去自以為的刻板想法與成見。在這個論文中提供相當豐富的資料，同時也照顧我的生活。

陶蕃瀛 人稱小陶，我的口試委員。剛轉學進社工系時，本來覺得課程無趣一度想要再轉走，還好發現這個「怪咖」，開啟了我對社會工作不同的視野，也讓我繼續留下來。從這個論文一開始的書寫到口試場合，他都提供了很好的建議。

程雅芬 我的好朋友，也是曾經跟我「相依為命」的社工系轉學生。她「中途致胖」的經驗，讓我更清楚那個因為身體形象的轉變所帶來的不同對待關係。

趙彥寧 我的口試委員。我一直覺得她是一個有趣的人，大學時期就曾經邀請她講有關「男性解放」的東西。從邀請她當口試委員，她就盡力提供建議，也提醒我女性與男性的經驗差別，這個提醒讓我更沒有包袱地去書寫我這個胖子男性的經驗。

羅麗慧 我的媽媽。在我過去的生活中用她的生命展現了豐富的意義，並提供我相當多的思考與學習機會。在這個論文中，提供了相當豐富且具有參考價值的資料，幫助我的書寫順利。此外，在寫論文最後密集的一個月裡，還負責每個禮拜打電話提醒我要通過口試。

活過的

- Clandinin, D. J. & Connelly, F. M. 著，蔡敏玲、余曉雯譯，《敘說探究：質性研究中的經驗與故事》，台北：心理，二〇〇三。
- Corey, Gerald 著，李茂興譯，《諮商與心理治療的理論與實務》，台北：揚智，一九九八。
- Denzin, N. K. 著，張君玫譯，《解釋性互動論》，台北：弘智文化，二〇〇〇。
- Ezzy, Douglas, *Qualitative Analysis:Practice and Innovation*, Australia: Routledge, 2002.
- Gray, Ann 著，許夢芸譯，《文化研究：民族誌方法與生活文化》，台北：韋伯文化，二〇〇八。

- Grogan, Sarah 著，黎士鳴譯，《身體意象》，台北：弘智文化，二〇〇一。
- Harris, Marvin 著，葉舒憲、戶曉輝譯，《Good to Eat：食物與文化之謎》，台北：書林，二〇〇四。
- Jamieson, Lynn 著，蔡明璋譯，《親密關係：現代社會的私人關係》，台北：群學，二〇〇二。
- Schön, D. A. 主編，夏林清、洪雯柔、謝斐敦譯，《反映回觀：教育實踐的個案研究》。台北：遠流，二〇〇三。
- Woodward, Kathryn 著，林文琪譯，《身體認同：同一與差異》，台北：韋伯文化，二〇〇四。
- 尤格．布雷希著，張志成譯，《發明疾病的人：現代醫療產業如何賣掉我們的健康？》，台北：左岸文化，二〇〇四。
- 王浩威，《台灣查甫人》，台北：聯合文學，一九九八。

- 弗朗茲．法農著，陳瑞樺譯，《黑皮膚，白面具》，台北：心靈工坊，二〇〇五。
- 卡爾．羅哲斯著，宋文里譯，《成為一個人》，台北：桂冠出版，一九八九。
- 吉兒．佛瑞德門、金恩．康姆斯著，易之新譯，《敘事治療：解構並重寫生命的故事》，台北：張老師文化，二〇〇二。
- 朱元鴻，〈從病理到政略：搞歪一個社會學典範〉，《台灣社會研究季刊》，二十四期（台北：唐山，一九九六）。
- 艾爾斯著，江麗美譯，《幼教典範：六個傑出的幼教老師》，台北：桂冠，一九九九。
- 亨利．克羅斯著，劉小菁譯，《故事與心理治療》，台北：張老師文化，二〇〇二。
- 快樂蘇珊著，藍曉于譯，《那個叫小胖子的我，掰掰！》，台北：木馬，二〇〇六。
- 林盈秀，〈減肥的身體的我——歷史與性別的觀點〉，國立清華大學社會學研究所碩士論文，二〇〇四。

- 紀登思著，周素鳳譯，《親密關係的轉變：現代社會的性．愛．慾》，台北：巨流，二〇〇一。
- 翁開誠，〈覺解我的治療理論與實踐：通過故事來成人之美〉，《應用心理研究》，十六期（台北：五南，二〇〇二）。
- 張春興，《現代心理學》，台北：東華書局，一九九一。
- 郭淑惠，〈左手與我的故事——一個生命教育的自我探索〉，國立新竹師範學院國民教育研究所碩士論文，二〇〇二。
- 陳惠萍，〈常體之外——『殘障』的身體社會學思考〉，東海大學社會學研究所碩士論文，二〇〇三。
- 麥克．懷特、大衛．艾普斯頓著，廖世德譯，《故事、知識、權力—敘事治療的力量》，台北：心靈工坊，二〇〇二。
- 麥克唐納（Macdonell, Diane）著，陳墇津譯，《言說的理論》，台北：遠流，一九九五。
- 菲立普・費南德茲-阿梅司托著，韓良憶譯，《食物的歷史：透視人類的飲食與文明》，台北：左岸文化，二〇〇五。
- 黃惠如，〈封面故事：『壞』食物大翻身〉，《康健雜誌》，一〇〇期（台北：天下生活文化，二〇〇七），頁三五-五七。
- 楊偉勛，《人類肥胖基因之研究》，台北：財團法人國家衛生研究院，二〇〇一。
- 楊儒賓、何乏筆編，《身體與社會》，台北：唐山，二〇〇四。
- 溫蒂・仙克著，陳雅汝譯，《我不瘦，我有話要說》，台北：商周，二〇〇七。
- 葛羅莉亞・史坦能著，羅勒譯，《內在革命：一本關於自尊的書》，台北：正中，一九九二。
- 潔西卡・韋納著，何佳芬譯，《我看起來胖嗎？》，台北：高寶國際，二〇〇七。

- 蔡培元的國中同學，「國中畢業紀念冊」。未出版，一九八七。
- 鄧景衡，《符號、意象、奇觀——台灣飲食文化系譜（上）》，台北：田園城市，二〇〇二。
- 鄧景衡，《符號、意象、奇觀——台灣飲食文化系譜（下）》，台北：田園城市，二〇〇三。
- 謝寒琪，〈一個肥胖兒童的故事——肥胖兒童的人際關係與自我認同〉，花蓮師範學院國民教育研究所碩士論文，二〇〇三。
- 羅伯．費雪著，王石珍譯，《為自己出征》，台北：方智，二〇〇〇。
- 龔卓軍，《身體部署——梅洛龐蒂與現象學之後》，台北：心靈工坊，二〇〇七。

L O C U S

LOCUS

L O C U S

LOCUS